Gestion mode d'emploi

Thierry Capron

Gestion mode d'emploi

• MARABOUT •

Préambule

Avec près de trente ans d'expérience et de responsabilités, aussi bien en entreprise qu'en formation, il me semble pouvoir affirmer que le domaine de la gestion ne m'est pas complètement étranger.

Malgré cela – oserai-je l'avouer ? –, les mécanismes profonds de la comptabilité et de la finance, pivots de la compréhension de la gestion d'une entreprise, me sont restés opaques pendant assez longtemps.

Cette opacité levée, j'ai eu le plus grand mal à trouver les mots et les techniques pour, à mon tour, transmettre ce savoir.

Probablement les méthodes traditionnelles d'apprentissage et d'enseignement en la matière n'étaient-elles pas particulièrement modernes ni inventives.

La méthode que vous allez découvrir est le fruit de réflexions approfondies dans ce cadre et a été testée «grandeur nature» et avec succès auprès de publics variés (étudiants, demandeurs d'emploi, employés, agents de maîtrise et cadres).

Elle s'appuie sur une autodécouverte progressive, sur une alternance d'exercices et de points de théorie, sur des exercices de synthèse chapitre par chapitre.

Le vocabulaire y est le plus possible débarrassé des jargons propres à chaque spécialité.

Cet ensemble concourt, je le crois, à une efficacité réelle.

Bon voyage au pays de la gestion…

Mode d'emploi

Avertissement

Cet ouvrage est avant tout destiné à un public large à des fins de vulgarisation.
La pédagogie y tient la première place, au détriment parfois d'une précision technique rigoureuse.
En conséquence, certains points ont été volontairement simplifiés pour la clarté de l'explication.
L'esprit même de la technique de la gestion reste en tout état de cause préservé.

Plan de l'ouvrage

Dans le domaine extrêmement vaste de la gestion, il m'a fallu faire des choix, entre l'indispensable, l'utile et l'accessoire.
Les différents domaines abordés seront donc et dans cet ordre :
❶ La comptabilité générale, parce qu'elle représente, comme pour une maison, les fondations du système de gestion de l'entreprise.
❷ L'analyse financière, qui permettra à l'observateur d'évaluer la situation financière de l'entreprise.
❸ La comptabilité analytique, outil irremplaçable d'aide à la décision puisqu'elle permet de mesurer le plus fidèlement possible la rentabilité de chaque produit.
❹ La gestion budgétaire, instrument incontournable de prospective et de prévision.
❺ La mesure de la rentabilité des investissements, moteurs de la croissance.
Enfin, plusieurs chapitres de compléments techniques et pédagogiques compléteront cet ouvrage.

Exercices

De nombreux exercices jalonnent le texte. Ils sont conçus pour être résolus au fil de la lecture.
❶ Ceux liés aux explications sont corrigés au fur et à mesure du texte.
❷ Des exercices complémentaires sont proposés ; ils sont annoncés par **Exercice X** ; leurs corrigés sont en fin de volume.
❸ Enfin, par chapitre, sont proposés, sauf pour celui traitant de la rentabilité des investissements, des exercices de synthèse appelés **Do it yourself…** ; leur solution suit leur énoncé.

COMPTABILITÉ GÉNÉRALE

La comptabilité générale reste le fondement incontournable du système de gestion des entreprises. La précision et la fiabilité de l'information fournie garantit en effet une information de premier choix, unique et irremplaçable, pour l'analyse de la réalité et pour l'anticipation.
Elle est la clé, nécessaire mais pas forcément suffisante, pour ouvrir les portes de la gestion de l'entreprise.
Entrons ensemble !

Une première découverte

Nous allons ici cheminer dans les notions de base de la comptabilité générale. Au travers d'exercices simples et progressifs, nous allons découvrir les mécanismes de fonctionnement des comptes, les notions de compte de résultat et de bilan, ainsi que le principe de double détermination du résultat. Ceci nous préparera à aborder dans un deuxième temps un exercice plus approfondi.

La partie simple

Je vous propose un petit voyage dans le temps, plus précisément au Moyen Âge (ne cherchez ici aucune vraisemblance, ce n'est pas un livre d'histoire).
Je vous présente Erik et Johann qui sont deux Flamands du même village. Johann vend des marchandises à Erik pour, mettons, 100 florins. L'échange de marchandises et l'échange de monnaie seront donc simultanés.
Ils ne vont donc enregistrer que le transfert des 100 florins pour la part qui les intéresse.
Erik et Johann vont donc tenir chacun leur compte de caisse (c'est le terme comptable) en listant d'un côté les encaissements et de l'autre les décaissements.
Johann va inscrire la somme du côté des encaissements, à gauche ; Erik, lui, va l'inscrire à droite, du côté des décaissements.

Chez le vendeur (Johann)		Chez l'acheteur (Erik)	
Ma caisse		Ma caisse	
100			100

Le choix de Johann est totalement *arbitraire,* comme il est également arbitraire de rouler à droite de la route (la preuve, les Anglais, et d'autres, font le contraire).
Par contre, ce choix fait, Erik a raison de mettre ses décaissements à droite.

LA PARTIE SIMPLE

La partie simple est un peu la préhistoire de la comptabilité, et n'est ni performante ni utilisée de nos jours.
Cependant, cet exposé nous permet de découvrir deux éléments très importants et qui sont toujours vrais :
• Les encaissements se mettent à gauche du compte de caisse, les décaissements à droite. Ce choix est arbitraire, mais universellement respecté.
• La même opération économique se traduit par deux écritures inverses chez l'acheteur et le vendeur.

UNE PREMIÈRE RÈGLE

Encaissements à gauche, décaissements à droite du compte caisse. C'est une convention. Comme de rouler à gauche (ou à droite).

Aussi bien chez Johann que chez Erik, l'opération économique n'a engendré chez l'un comme chez l'autre **qu'une seule écriture**, de sens logiquement opposé.
C'est de la comptabilité en partie simple.
Aussi simple que bonjour.

De la partie simple à la partie double

Cette fois-ci, la vente de 100 florins intervient entre notre Flamand Johann et un nouvel acheteur vénitien, Marco.
Entre l'expédition des marchandises par Johann (temps 1) et la réception de l'argent envoyé par Marco (temps 2), il va se passer pas mal de temps : transport des marchandises, vérification par Marco, envoi de l'argent, transport de l'argent… sans compter les pirates !
Johann, homme organisé, va donc tenir les comptes de ce que Marco lui doit, entre l'expédition des marchandises et la réception de l'argent.
Voyons ce qui se passe chez Johann au fur et à mesure.

❶ Il enregistre les 100 florins que Marco lui doit ; il ferme son livre de comptes et attend patiemment.

Lors de l'expédition

On (Marco) me doit		Ma caisse	
100			

❷ Bien plus tard, l'argent arrive. Il ré-ouvre ses comptes et constate, selon eux, que Marco lui doit toujours 100 florins. Il va donc enregistrer *en même temps et en une seule fois* l'encaissement et l'extinction de la dette de Marco envers lui.

Lors de la réception du règlement

On (Marco) me doit		Ma caisse	
100	100 ◀	▶ 100	

Sur ce tableau, les 100 florins en noir représentent le report de la situation antérieure (la dette de Marco).

LES COMPTES EN T

Les comptes se présentent comme des balances (on parle de comptes en « T »), schématisés comme suit, dans lesquels on place les montants à droite ou à gauche :

Compte « A »	
X	Y

Les comptes ne fonctionnent pas dans n'importe quel sens. Par exemple :

- Les encaissements se mettent à gauche du compte Caisse.
- Les décaissements se mettent à droite du compte Caisse.
- Quand on me doit de l'argent, je le mets à gauche du compte On me doit.
- Quand je dois de l'argent, je le mets à droite du compte Je dois.

La réception de l'argent a donc provoqué chez Johann **une écriture de deux montants identiques mais de sens opposé**, un pour l'encaissement, l'autre pour l'extinction de la dette.
La comptabilité en partie double, universellement adoptée, exige de toujours placer deux montants égaux et de sens opposés qui se contre-balancent. Ce principe, comme tous les principes simples, est extrêmement pratique et puissant. Nous allons le constater tout au long de cet ouvrage.

EXERCICE 1 (solution page 156)
Simulez les écritures correspondantes chez Marco.
Ce n'est pas très difficile, elles sont exactement symétriques!
Vous noterez toutefois qu'il aurait pu se passer de tenir sa comptabilité en partie double, car l'échange des marchandises et de l'argent a été simultané. Mais c'est un gars sérieux!

LE SAVIEZ-VOUS ?

La gloire de la théorisation et la généralisation de la partie double revient à Luca Pacioli en 1494!

Compléments

Dans le tableau de la page précédente, vous constatez que, dans le compte « On me doit », les deux montants s'équilibrent et s'annulent (la dette de Mario est éteinte). On dit que le compte est « soldé ».
Imaginons maintenant que Marco n'ait pas tout payé (ou que le capitaine du bateau n'ait pas été parfaitement honnête, ou que les pirates...). Mettons que Johann n'ait reçu que 75 florins.
Dans ses comptes, Marco lui devra toujours 25 florins :

COMPTES D'ATTENTE

Les comptes « On me doit » (et « Je dois ») constatent pendant un certain temps ma créance (ou ma dette), et se « vident » lors de l'encaissement (ou du paiement) de la somme. Ce sont des comptes de transition (ou d'attente), car les sommes ne font qu'y passer : le destin de toute créance (ou dette) est d'être encaissée (ou réglée)!

	On (Marco) me doit		
Créance initiale	**100**	**75**	**Encaissement**
Nouvelle créance	**100-75=25**		

Le compte fonctionnant comme une balance, il « penche » du côté le plus lourd; cette opération s'appelle **tirer le solde du compte**.

De nouveaux comptes, une amorce de classement

Examinons le schéma suivant :

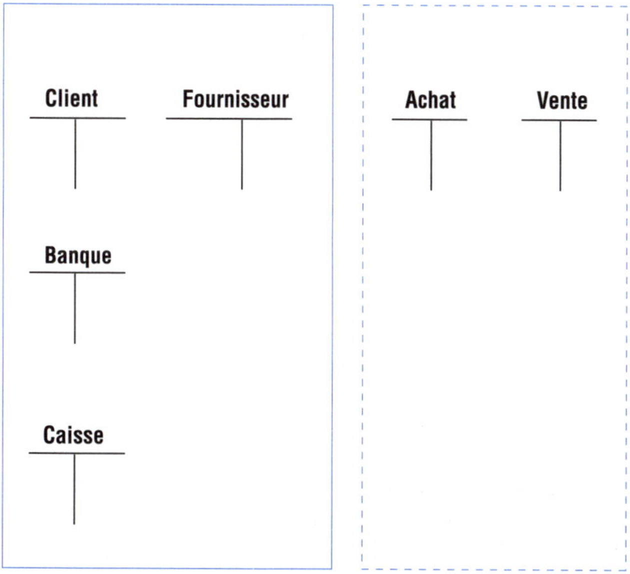

DES TERMES PRÉCIS

Les comptables, et les gestionnaires en général, sont des gens précis et analytiques (du moins ils essayent de l'être). Aussi vont-ils tâcher de ranger chaque élément bien à sa place en utilisant les termes le plus précis possible :

- « Clients » plutôt que « on me doit ».
- « Fournisseurs » plutôt que « je dois ».
- Si ma banque fait faillite, je risque de ne pas récupérer mon argent ; par contre, je peux partir aux Bahamas avec ma caisse, plus difficilement avec mon compte en banque ; d'où la nécessité de séparer des éléments qui n'ont pas la même nature : « banque » et « caisse » à part.

Regardons :

Nous retrouvons nos comptes en T, disposés de manière particulière.

Nous retrouvons notre compte *Caisse*, en bas à gauche.

Au-dessus, le compte *Banque* fonctionne comme la Caisse, mais uniquement pour les sommes déposées en banque.

Le compte *Client*, au-dessus, est l'équivalent de notre compte On me doit : en effet, un client me doit les factures que je lui adresse tant qu'elles ne sont pas payées.

Le compte *Fournisseur*, en face, est l'équivalent de notre compte Je dois.

Les comptes *Achats* et *Ventes* vont nous permettre d'enregistrer nos achats et nos ventes.

De plus, les comptes sont classés en deux familles, *bleu* et *bleu pointillé* ; nous en verrons l'utilité plus loin.

Une méthode d'apprentissage

Étudions et «décortiquons» l'opération suivante que nous allons passer dans la comptabilité de la société «Les Calissons de la Reine Jeanne» :
«Nous vendons pour 1000 € de calissons à un monsieur de passage qui nous paie au comptant avec 2 billets de 500 €.»

Cette opération comporte :

- une composante *économique* (la vente) et
- une contrepartie *financière* (l'encaissement au comptant de la somme).

Ces deux éléments, de même montant, seront de sens opposés et formeront notre écriture comptable.

- Commençons par la composante que nous connaissons déjà : l'encaissement de l'argent (composante financière) : les encaissements se placent, comme nous le savons déjà, à gauche du compte Caisse (car il s'agit de vente au comptant); plaçons donc 1000 à gauche du compte Caisse.
- Pour équilibrer notre écriture, il nous faut placer la composante économique (la vente de 1000) à droite d'un autre compte; le compte Vente paraît tout indiqué!

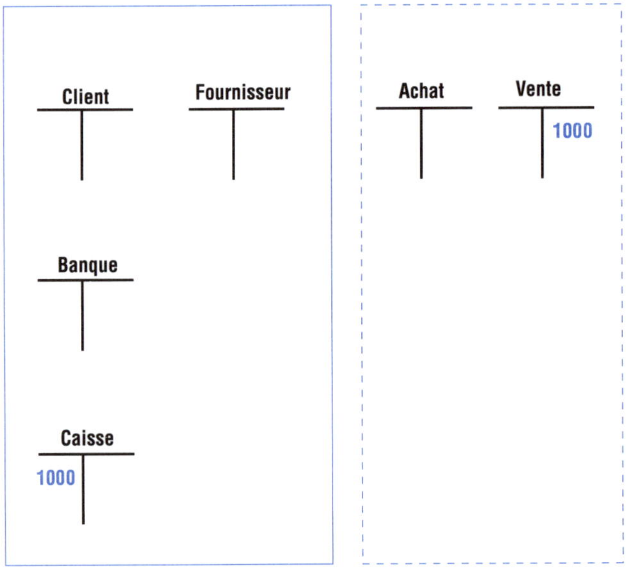

REGROUPEZ

La technique de décomposition de l'opération en ses deux composantes, l'une économique, l'autre financière, est absolument imparable et indispensable à l'apprentissage de la comptabilité générale, financière et plus généralement à l'ensemble du système de gestion de l'entreprise :

1. Décortiquer l'écriture en deux composantes, l'économique et la financière.
2. Placer la composante dans le côté du compte dont on est sûr (ici, les encaissements à gauche du compte Caisse).
3. En déduire le côté à utiliser pour l'autre composante, et trouver le bon compte (ici, le côté droit du compte Vente).

À vous de jouer !

Vous en savez maintenant suffisamment pour passer dans la comptabilité des « Calissons de la Reine Jeanne » les quelques opérations suivantes :

1. Vente de 2000 € payés par chèque.
2. Achat de 250 € payés en espèces.
3. Achat de 500 €, le fournisseur nous fait crédit.
4. Vente de 4000 €, nous accordons un crédit à notre client.
5. Achat de 1500 €, payés comptant par chèque pour 500 €, à crédit pour le reste.

J'ai préparé pour vous l'opération 1 en bleu :

- L'opération économique (la vente) va, ce n'est pas une surprise, dans le compte correspondant.
- La contrepartie financière va à gauche donc, non du compte Caisse car il ne s'agit pas d'argent liquide, mais du compte Banque.

J'ai également rappelé en **noir** l'opération enregistrée précédemment. (Pour les courageux, je rajoute une opération subsidiaire : Virement de 750 € de la Caisse à la Banque.)

À vos crayons !

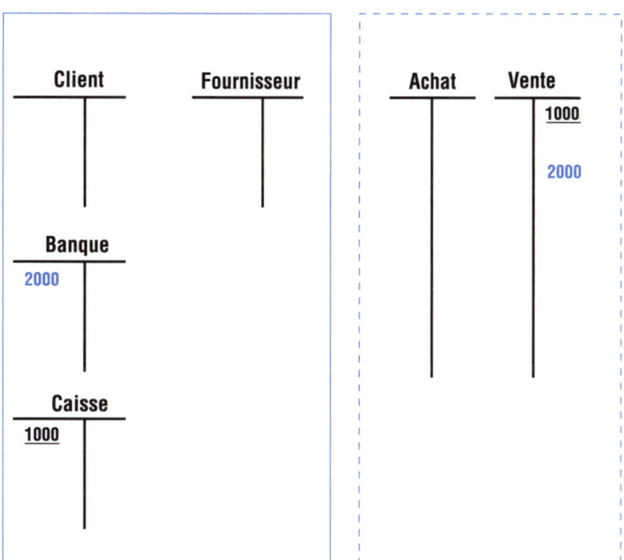

RAPPELEZ-VOUS

Pour passer une écriture comptable, il suffit de procéder de la façon suivante :

1. Décomposer l'opération en ses deux composantes, économique et financière.
2. Placer le montant de l'une de ces composantes dans le « bon côté » du « bon compte ».
3. Placer le montant restant de « l'autre côté » d'un autre compte.

LE REPORT À NOUVEAU (OU SOLDE PRÉCÉDENT)

Les comptes ont de la « mémoire ». Tous les montants inscrits en comptabilité y demeurent et ne peuvent s'effacer.
Le report à nouveau (ou solde) représente la situation d'un compte à un instant donné :

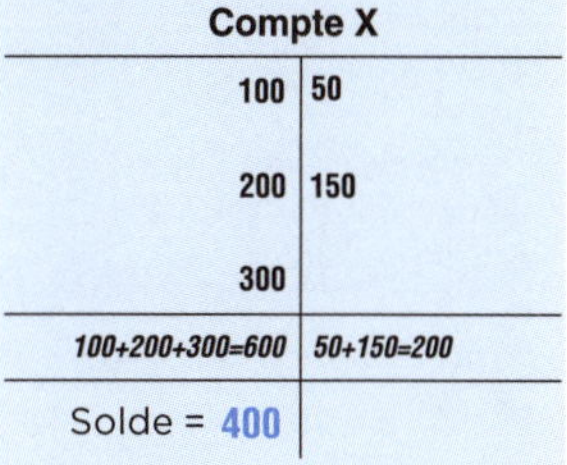

Solution, analyse et récompense

Nul doute que vous vous soyez tiré avec les honneurs de cet exercice. Je vous propose néanmoins de vérifier l'ensemble, si vous voulez bien (tableau page suivante).

REPORT À NOUVEAU

Le report à nouveau permet de rappeler le solde d'un compte sans détailler toutes les écritures.

LA PARFAITE SYMÉTRIE DE FONCTIONNEMENT DES COMPTES

Avez-vous remarqué cette similitude? Les comptes fonctionnent tous les uns par rapport aux autres, de façon quasiment mécanique, en chaîne :

1. La caisse « augmente » à gauche et « diminue » à droite.
2. Les encaissements figurant à gauche de la caisse, les ventes qui en sont à l'origine sont à droite des « ventes ».
3. Un achat étant le contraire d'une vente, il se place à gauche des « achats ».
4. Etc.

Tout le déroulement et le placement des montants est parfaitement logique et imparable; c'est la conséquence de la partie double.

❶ Nous retrouvons nos deux écritures précédentes en bleu pour leur montant total de 3000 (1000 + 2000) en ventes, 2000 en banque et 1000 en caisse (reports à nouveau).

❷ L'opération 2, achat de 250 payé en espèces, s'analyse comme suit :

a. Le paiement correspond à une sortie de caisse, à un décaissement. Les encaissements se plaçant à gauche du compte Caisse, les décaissements iront donc à droite de ce même compte.
b. La contrepartie économique, puisqu'il s'agit d'un achat, se place à gauche du compte Achat.

❸ Pour l'opération 3, achat de 500 € à crédit :

a. L'opération économique, l'achat, a la même nature qu'en 2; par conséquent, plaçons 500 à gauche du compte Achat.
b. Sa contrepartie financière est le crédit que nous accorde notre fournisseur : plaçons 500 à droite du compte Fournisseur (anciennement « Je dois »).

❹ Opération 4 :

a. Mettons sans hésiter 4000 à droite du compte Ventes.
b. La contrepartie, puisqu'il s'agit d'un crédit accordé à un client, va à gauche du compte Client (anciennement « on me doit »).

❺ Opération 5 :

a. 1500 à gauche du compte Achat, pas de problème.
b. Pour la contrepartie, nous allons la « saucissonner » : 500 à droite de la Banque (c'est un décaissement), 1000 à droite du Fournisseur (c'est une dette). L'**équilibre gauche-droite** est toujours respecté.

La situation est donc la suivante, avant l'opération subsidiaire :

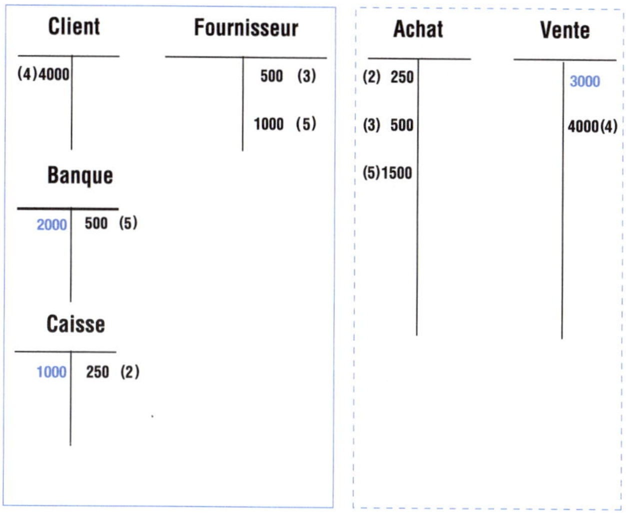

Sur le schéma ci-contre, toutes les opérations enregistrées ont « un pied » dans la famille *bleu* et un autre dans la famille *bleu pointillé*.

Quant à l'écriture subsidiaire, vous aviez peut-être (bravo) la solution : il s'agit de sortir 750 € de la caisse pour les rentrer en banque. Vous noterez d'ailleurs que ces 750 € représentent exactement le solde disponible dans notre caisse. Elle est comptabilisée en bleu dans le schéma suivant, les autres écritures étant rappelées en noir.

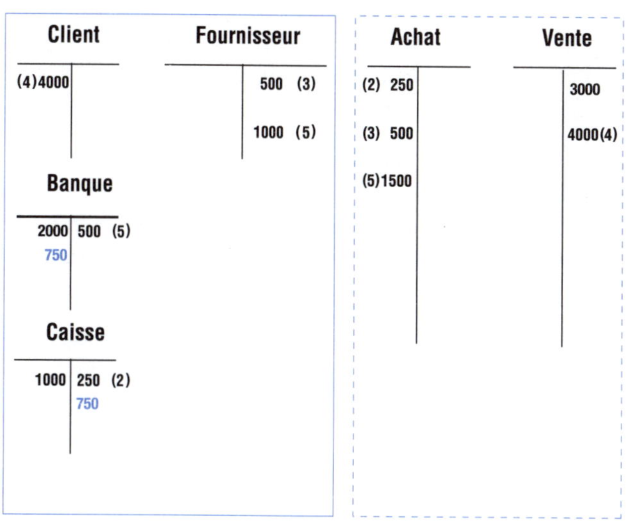

Sur le schéma ci-contre, nous remarquons que cette nouvelle écriture, contrairement aux précédentes, a « les deux pieds » dans la même famille, en l'occurrence *bleu*.
Cette écriture, et c'est une nouveauté, ne compte que deux composantes financières, et aucune économique comme jusqu'à présent.

Pour terminer, et avant la récompense promise, il vous faut maintenant tirer les soldes de chaque compte, c'est-à-dire calculer, comme pour une balance, ce qu'il reste « au bout du compte » dans chaque compte (par exemple, « Achat » contient 250 + 500 + 1 500 = 2 250 du côté gauche).

Solution :

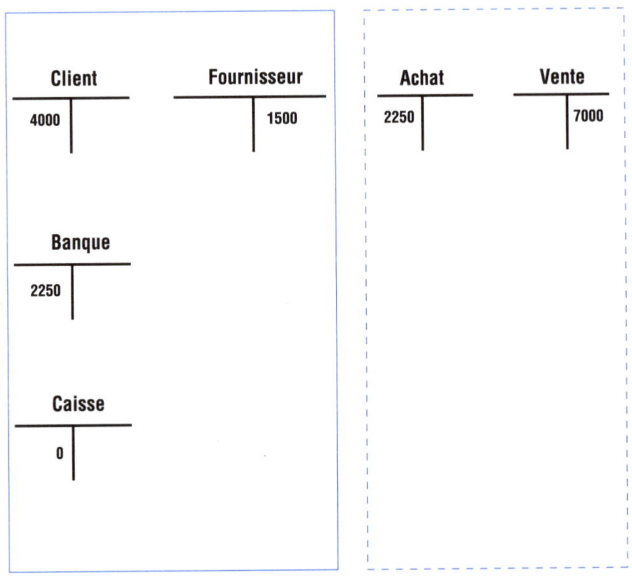

Avez-vous remarqué ? Le compte « Caisse » est soldé ! Il n'y a plus d'argent !

Et votre récompense ? La satisfaction du travail accompli, bien évidemment !

Nous arrivons au résultat

Maintenant, de l'attention s'il vous plaît :

1. Dans la famille *bleu*, faites l'addition des sommes « à gauche » et enlevez les sommes « à droite » (faites Client + Banque + Caisse – Fournisseur) :

$$4000 + 2250 + 0 - 1500 = ?$$

C'est noté ?

2. Dans la famille *bleu pointillé*, faites les « ventes » moins « les achats », soit :

$$7000 - 2250 = ?$$

C'est noté ?

Vous avez trouvé le même montant, soit 4750.
Ce montant représente le **résultat de notre entreprise généré par les opérations que nous avons enregistrées.**
Ce résultat est en l'occurrence un *bénéfice* (nous avons plus vendu qu'acheté).
Le calcul que vous venez d'effectuer s'appelle la *double détermination du résultat*, car le même résultat a été obtenu par deux calculs différents.

Comment ce résultat s'est-il constitué ?
Le tableau suivant le récapitule :

	Bénéfice	Perte
Ecriture page 12	1000	-
Ecriture 1	2000	-
Ecriture 2	-	250
Ecriture 3	-	500
Ecriture 4	4000	-
Ecriture 5	-	1500
Subsidiaire	-	-
Total	7000	2250
Résultat	7000-2250=4750	

CQFD.

LA DOUBLE DÉTERMINATION DU RÉSULTAT

Le calcul effectué ci-contre s'appelle la double détermination du résultat, car le même résultat (ici un bénéfice de 4750) est calculé de deux façons différentes.

Si les deux méthodes ne donnent pas le même résultat, c'est que nous nous sommes trompés !

Dans le tableau ci-contre, toutes les écritures, sauf la dernière, participent, en plus ou en moins, au résultat ; nous observons qu'elles ont toutes en commun d'avoir « un pied » dans chacune des deux familles *bleu* et *bleu pointillé*.

En revanche, la dernière écriture, qui est la seule à avoir les deux pieds dans le même sabot, ne participe pas au résultat.

Bilan et compte de résultat

PHOTO ET FILM

Une analogie peut être faite avec le cinéma : ce compte de résultat est le film des événements économiques durant une période.
La même analogie conduit à comparer le bilan à la photo de la situation de l'entreprise à une certaine date.

1. Observons plus en détail la famille *bleu pointillé*.

Elle comprend à gauche les *achats* et à droite les *ventes* réalisées par notre entreprise pendant la période s'étant écoulée entre la première opération et la question subsidiaire. Nous savons en la regardant que l'entreprise a vendu pour 7000 et a acheté pour 2250 au cours de cette période.
Nous allons utiliser comme titre de la colonne de gauche le mot «Charges» au lieu de Achats : un Achat est un type particulier de Charges, nous en verrons d'autres plus tard.
De même, nous allons utiliser «Produits» au lieu de Ventes.
Cette famille s'appelle le **compte de résultat de la période** :

Observez comment les comptables font figurer le résultat sur ce compte de résultat : il s'affiche ici comme une charge fictive qui permet de rétablir l'équilibre entre les produits et les charges. Les comptables sont des gens bizarres...

Compte de résultat de la période (€)			
Charges		Produits	
Achats	**2250**	**Ventes**	**7000**
Bénéfice	4750		
Total	**7000**	**Total**	**7000**

2. Observons maintenant la famille *bleu*.

Sa partie droite représente les *dettes* de l'entreprise (ce qu'elle doit) après la dernière opération.
Sa partie gauche représente ses *biens* (ce qu'elle possède) après cette même dernière opération.
Nous savons en l'observant que l'entreprise, après la dernière opération, doit 1500 à ses fournisseurs, que ses clients lui doivent 4000 et qu'elle possède 2250 sur son compte en banque.
Cette famille s'appelle le **bilan après la dernière opération.**

Bilan après la dernière opération (€)			
Biens		**Dettes**	
Clients	**4000**	**Fournisseurs**	**1500**
Banque	**2250**	**Résultat**	**4750**
Caisse	**-**		
Total	**6250**	**Total**	**6250**

Là également, vous noterez le placement du résultat qui figure comme une dette (fictive?) pour équilibrer les créances et les dettes.

Les comptables sont décidément des gens très équilibrés!

En dernière remarque de cet exercice, et avant de le conclure, je voudrais attirer votre attention sur la très importante remarque ci-dessous :

1. Le résultat généré durant la période a été un bénéfice de 4750 €.
2. Le solde de la trésorerie (caisse et banque réunies) n'est que de 2250 €.

Cette inégalité est en fait parfaitement normale.
Elle est due au simple fait que nous avons obtenu du crédit chez certains fournisseurs et que nous en avons accordé à certains clients.

ATTENTION AUX FAUX AMIS!

Trésorerie et résultat ne sont pas identiques!
Une entreprise peut parfaitement être bénéficiaire et ne pas avoir d'argent en caisse.
Inversement, elle peut générer des pertes tout en ayant encore de l'argent.
Attention donc à l'expression fausse : «l'entreprise X gagne - ou perd - de l'argent».
Nous réexaminerons ce point très important plus loin.

EXERCICE 2 (solution page 156)

Simulez successivement le bilan de notre entreprise dans les cas où :

1. aucun crédit n'est obtenu ni accordé,
2. toutes les opérations se font à crédit.

L'ARGENT N'A PAS D'ODEUR

La comptabilité impose de placer autant d'argent à droite qu'à gauche des comptes.
Ce principe s'appelle le principe de neutralité politique de la comptabilité, variante de l'adage « l'argent n'a pas d'odeur »...
Cet aparté à but exclusivement pédagogique n'est sous-tendu d'aucune malice...

Une première synthèse…

❶ La comptabilité exige de placer pour chaque opération au moins *deux montants qui s'équilibrent* (gauche – droite) dans au moins *deux comptes différents*.

❷ Les comptes fonctionnent comme des *balances* qui « penchent du côté le plus lourd ».

❸ La première famille de comptes s'appelle le *Bilan de fin de période* ; il représente l'état du patrimoine de l'entreprise à cette date, à savoir l'état de ses dettes et de ses biens (tout comme votre patrimoine est constitué de ce que vous possédez – vos biens – diminué de ce que vous devez – vos dettes).
Pour le moment, nous connaissons les comptes Client, Banque et Caisse comme Biens, et les comptes Fournisseur comme Dettes.

❹ La deuxième famille de comptes s'appelle le *Compte de résultat de la période* ; il représente l'évolution de l'exploitation de l'entreprise pendant cette période, à savoir celle de ses charges et de ses produits.
Pour le moment, nous connaissons le compte Achat comme Charge et le compte Vente comme Produit.

❺ Le résultat de l'entreprise pendant la période se calcule indifféremment dans le bilan ou le compte de résultat.
Dans le *bilan*, le résultat se calcule en faisant la différence entre les *biens* et les *dettes*. Il s'agit d'un *bénéfice* s'il est positif, d'une *perte* s'il est négatif.
Dans le *compte de résultat*, le résultat se calcule en faisant la différence entre les *produits* et les *charges*. Il s'agit d'un bénéfice s'il est positif, d'une perte s'il est négatif.

❻ Une opération *économique* doit affecter le compte de résultat pour générer du *résultat* (en faisant varier la différence entre les produits et les charges).

❼ Inversement, une opération *financière* (par exemple virement de la caisse à la banque), se limitant au bilan de l'entreprise, ne crée *pas* de résultat.

❽ Enfin, remarquez dans notre exercice que le résultat (un bénéfice de 4750) est différent du solde d'argent disponible (ici : 2250). Le résultat de l'entreprise n'est pas égal à sa trésorerie.

J'ai une question : apparemment, ma banque ne fonctionne pas comme vous le dites !

Il faut ici revenir sur une anomalie apparente qui vous a peut-être choqué.
Depuis le début, nous avons bien pris soin de placer les encaissements à GAUCHE du compte BANQUE s'il s'agit de chèques.
Or, je remarque, sur les extraits de compte de ma banque, que c'est exactement le contraire : les sommes que j'encaisse sont à DROITE.
Qui se trompe ? Ma banque ou nous ?

Réponse : personne.

En effet, il faut bien comprendre que la banque vous adresse non pas votre extrait de compte en tant que tel, mais **l'extrait de votre compte dans sa comptabilité.**
La nuance est peut-être subtile mais réelle, car, dans sa comptabilité :

1. Un encaissement pour vous se traduit pour elle par un décaissement.
2. Et inversement un décaissement pour vous par un encaissement pour elle.

La banque suit donc bien la même règle comptable que tout un chacun; il suffit de regarder son extrait de compte dans un *miroir* !

Chez moi : Compte « Banque »	
Encaissements pour moi = décaissements pour la banque	**Décaissements pour moi = encaissements pour la banque**
Chez la banque : Compte « Moi »	
Encaissements pour la banque = décaissements pour moi	**Décaissements pour la banque = encaissements pour moi**

RÉCIPROCITÉ

Le principe même de la partie double implique celui de réciprocité dans le fonctionnement des comptes : des opérations contraires se trouvent dans deux côtés différents des comptes. Par exemple, un encaissement est le contraire d'un décaissement, l'un se trouve donc à gauche du compte Trésorerie et l'autre à droite. De même, un encaissement pour moi est un décaissement pour ma banque et se trouve donc à droite de mon compte chez la banque.

La Balance comptable

Retenez cette idée : sur une balance, pour conserver l'équilibre, on doit enlever ou ajouter les mêmes poids sur les deux bras. C'est pareil en comptabilité.

Tout fonctionne en comptabilité comme deux balances à deux bras, bilan et compte de résultat représentant chacun une balance. Chaque balance se trouve équilibrée par le résultat (ici un bénéfice). Les résultats équilibrant respectivement les deux balances sont égaux.

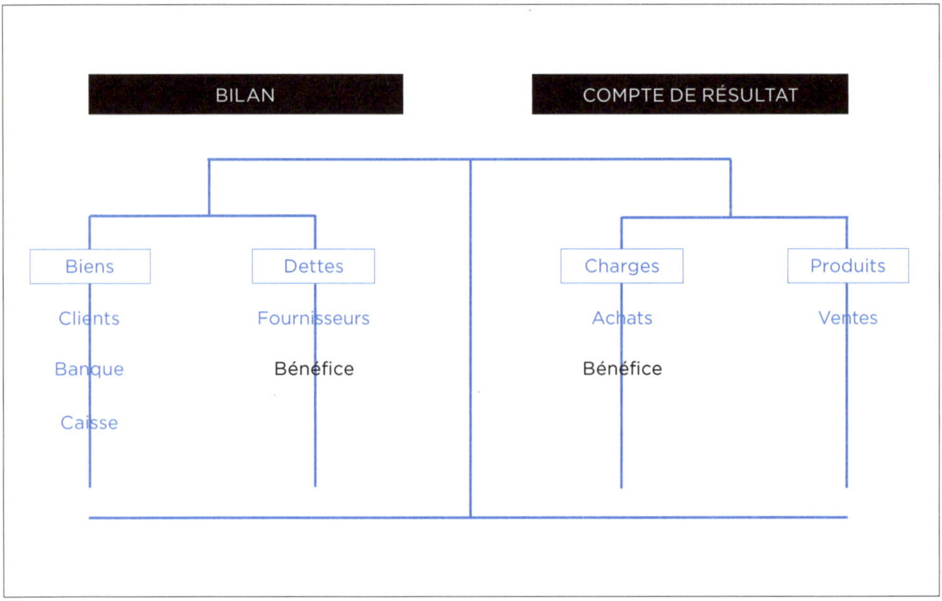

Un nouvel exercice plus abouti

Cet exercice va nous permettre d'explorer de nouvelles notions (exploitation, investissement, dotations, pertes sur créances irrécouvrables...).
En partant d'événements économiques concrets, nous allons apprendre pas à pas à monter bilans et comptes de résultat, et nous allons observer la constitution du résultat comptable.
Nous serons ainsi armés pour, fraîchement décorés de nos galons de comptables confirmés, continuer notre exploration du système de gestion de l'entreprise.

L'énoncé de l'exercice

Vous êtes prêt maintenant pour vous transformer (temporairement, ne vous inquiétez pas) en comptable de la société « **Aux bêtises de Cambrai** » qui vient d'être créée.

L'exercice consistera à enregistrer les différentes opérations économiques et financières dont vous avez ci-dessous le détail dans la grille que vous trouverez ci-après (que vous pouvez découper ou photocopier pour travailler plus à votre aise).

Scoop : cette grille comprendra un bilan et un compte de résultat.

Les différentes opérations dont il est question sont toutes relatives à l'année N.

Elles commencent par la création de l'entreprise – dépôt du capital par les actionnaires –, se prolongent par des opérations d'achat et de vente, d'investissement, de paiement et d'encaissement. Elles prévoient aussi quelques aléas commerciaux comme des créances impayées, et même quelques complications (il faut bien s'amuser un peu) sur lesquels je laisse pour le moment le suspense.

N'oubliez pas ! Pensez, à la lecture des opérations, à déterminer quelles pourraient être les deux composantes économique et financière de chaque écriture !

Mais rien de terrible, ne vous inquiétez pas !

Voici le détail des opérations (en milliers de € et que nous enregistrerons en milliers de €).

1. 1/01/N : Apport du capital de la société versé en chèque par les actionnaires : 50.
2. 15/01/N : Location d'un local professionnel pour les bureaux et les machines, payée comptant par chèque : 5.
3. 25/01/N : Achat de matières consommées et non stockées (sucres, colorants…) payé comptant par chèque : 15.
4. 26/01/N : Frais de personnel de production (ouvriers et contremaîtres) : 20.
5. 28/01/N : Location d'une machine-outil payée comptant par chèque : 10.
6. 31/01/N : Vente à crédit (il serait temps !) : 45.
7. 01/06/N : Souscription d'un emprunt bancaire versé en banque : 25.
8. 10/06/N : Investissement dans l'achat d'une machine-outil, financé par un crédit fournisseur : 60 K€; cette machine-outil sera amortie sur 6 ans (nous verrons en temps et heure ce que cela signifie).
9. 15/06/N : Achat de matières premières consommées et non stockées financé par un crédit fournisseur : 35.
10. 20/06/N : Frais de personnel de production : 40.
11. 22/06/N : Vente à crédit : 107.
12. 30/06/N : Encaissement de notre créance n° 6.
13. 01/09/N : Constitution d'un stock de marchandises destinées à la revente, financé par un crédit fournisseur : 30.
14. 05/09/N : Vente à crédit de marchandises : 30. Ces marchandises ont été prélevées sur le stock (valeur d'achat : 20) – nous verrons plus loin ce que cela signifie.
15. 15/09/N : Encaissement de notre vente n° 11.
16. 19/09/N : Paiement de nos fournisseurs n° 8 et 9.
17. 30/09/N : Agios de découvert bancaire : 1.
18. 01/12/N : Un client, présent dans l'opération n° 14 pour un montant de 3, est mis en liquidation; nous perdons l'intégralité de notre créance.
19. 05/12/N : Annuité de remboursement de l'emprunt bancaire pour un montant de 7 : 5 en capital et 2 d'intérêts.
20. 15/12/N : Un client, présent dans l'opération n° 14 pour un montant de 10, est mis en redressement judiciaire; nous risquons de perdre 70% de notre créance.
21. 16/12/N : Nous réglons les 2/3 de notre dette n° 13.
22. 31/12/N : Avis de taxe professionnelle à payer sous 2 mois : 10.

Ouf ! Page suivante, vous trouverez la grille sur laquelle je vous propose de travailler.
Quelques explications suivent pour vous guider dans votre travail.
Remarque : certaines ventes (et achats) sont indiquées être réalisées « à crédit ». Il faut comprendre par cette formule que les créances (et les dettes) résultantes ne seront pas immédiatement soldées mais qu'au contraire elles transiteront dans un compte Client (ou Fournisseur).

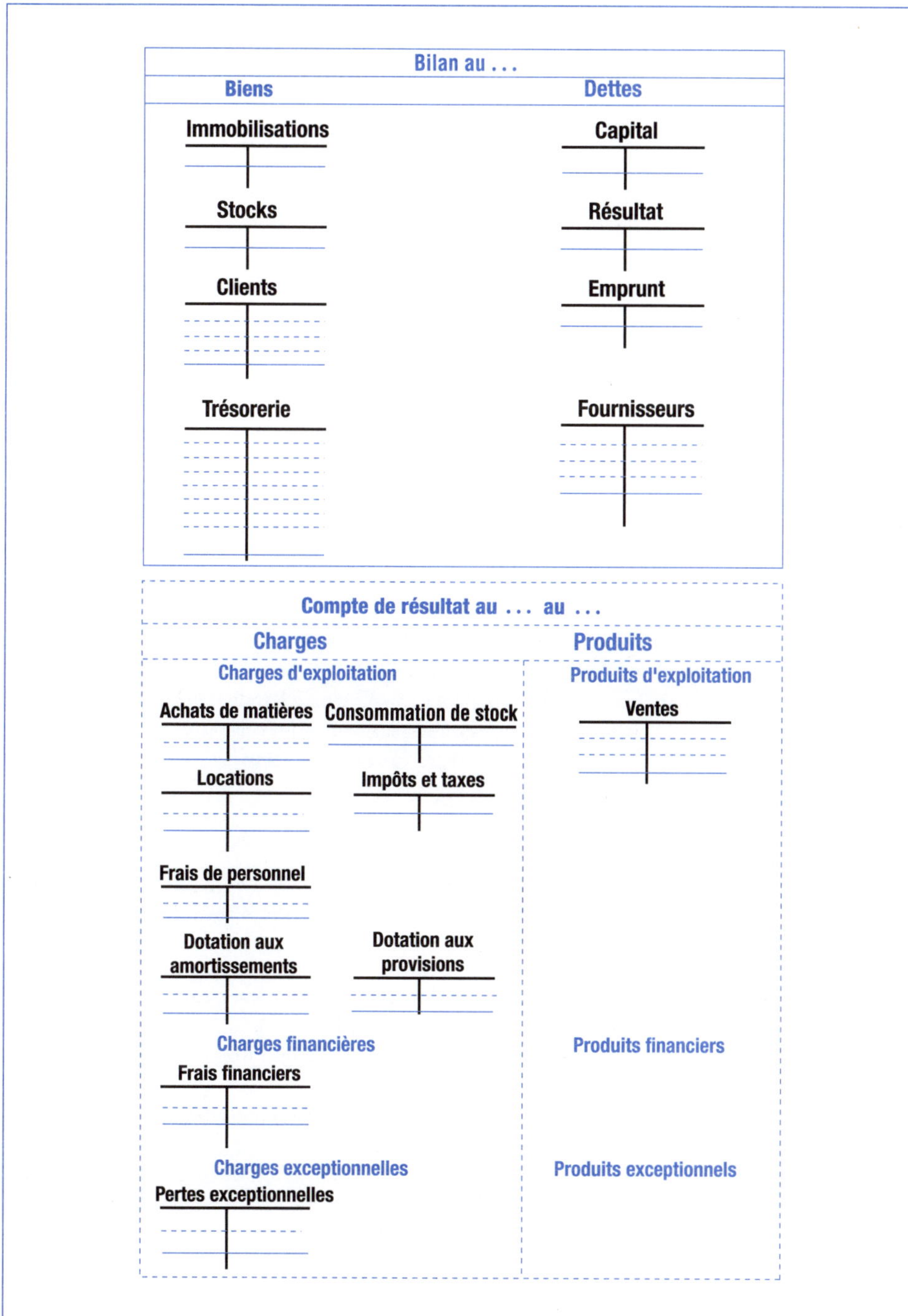
Bilan au . . .
Biens
Dettes
Immobilisations
Stocks
Clients
Trésorerie
Capital
Résultat
Emprunt
Fournisseurs
Compte de résultat au . . . au . . .
Charges
Produits
Charges d'exploitation
Achats de matières
Consommation de stock
Locations
Impôts et taxes
Frais de personnel
Dotation aux amortissements
Dotation aux provisions
Charges financières
Frais financiers
Charges exceptionnelles
Pertes exceptionnelles
Produits d'exploitation
Ventes
Produits financiers
Produits exceptionnels

COMPTES EN T DE LA GRILLE DE LA PAGE 25

Les lignes en pointillés vous serviront à inscrire les montants. Vous calculerez à la fin de l'exercice le solde de chaque compte et l'inscrirez au-dessous de la ligne continue, en bas du T.

Nous vous devons quelques explications…

Que reconnaissez-vous dans ce tableau ?

1. Le bilan qui regroupe les biens et les dettes,
2. Le compte de résultat avec les charges et les produits.

Regardons le bilan :

1. Nous retrouvons nos comptes Clients, Fournisseurs et Résultat.
2. Le compte « Trésorerie » regroupe dorénavant les comptes de Banque et Caisse pour contenir l'argent réellement disponible.
3. Et les nouveaux comptes :
   a. « Immobilisations » va contenir les biens que nous allons acheter pour travailler (machines…).
   b. « Stock » va contenir les biens que nous achèterons pour les revendre ou les transformer.
   c. « Dettes LT » (dettes à long terme) va contenir la dette que nous allons contracter auprès de notre banquier pour nous procurer de l'argent frais.
   d. « Capital » va contenir la dette que l'entreprise va contracter auprès de ses actionnaires (nous verrons cela tout à l'heure).

Quant au compte de résultat :

1. Une classification des charges et des produits :
   a. D'exploitation, c'est-à-dire relatifs à l'exploitation normale et habituelle de l'entreprise.
   b. Financiers, c'est-à-dire liés à la structure financière de notre entreprise.
   c. Et enfin exceptionnels, contenant les éléments a contrario exceptionnels (et a priori non répétitifs).
2. Un niveau de détail plus fin des charges d'exploitation, avec notamment deux comptes un peu bizarres, les dotations (dont nous verrons l'utilité plus loin).

Maintenant, prenez votre crayon, préparez votre gomme, et en avant pour les opérations 1 à 6 ; passez-les sur la grille (vous aurez peut-être des difficultés pour la première écriture, mais lancez-vous).
Pour vous aider, relisez les quelques conseils que nous vous avons déjà donnés.
Au travail, et attendez un peu avant de tourner la page, car la solution y est !

Les réponses 1 à 6

Commençons par la première, qui vous a (peut-être) causé quelques soucis.
Elle concerne l'apport du capital à la société par les actionnaires pour 50 K€ par chèque bancaire.
Chèque bancaire ? Nous pouvons donc sans hésiter placer 50 du côté des entrées de trésorerie, donc à gauche de ce compte.
Et la contrepartie, qui doit être, nous le savons, de l'autre côté (donc à droite d'un autre compte), cette contrepartie, où la placer ?
Un seul compte peut convenir : Capital, qui est une dette de l'entreprise.
Cela peut paraître choquant (« le capital n'est pas une dette ! »), mais est parfaitement logique si vous y réfléchissez quelques instants : le capital représente l'apport des actionnaires à l'entreprise pour lui permettre de faire face à ses futurs engagements financiers. Il représente l'effort des actionnaires au financement de l'entreprise.
Dans le cas présent, les actionnaires apportent de l'argent qui est déposé en banque.
Mais cet argent n'appartient pas à l'entreprise, il lui est simplement « confié » par les actionnaires.
Il constitue donc une « dette » de l'entreprise vis-à-vis de ses actionnaires.
En d'autres termes, c'est comme si vous empruntiez de l'argent à votre voisin : cela vous fait de la trésorerie, mais que vous devrez lui rendre.

Concernant les opérations de 2 à 6, vous ne devriez avoir rencontré aucune difficulté.
Si ? Je ne vous crois pas !
Vraiment ?
Alors relisez attentivement tout ce que nous avons vu. N'hésitez pas !

TOUJOURS LA MÊME MÉTHODE

Décomposer l'opération en deux composantes, économique et financière. Ici, toutefois, les DEUX composantes sont financières (comme par exemple pour les opérations 16 et 21…).

CAPITAL

Le capital représente la dette de l'entreprise vis-à-vis des actionnaires en contrepartie de l'argent apporté par ceux-ci à l'entreprise.

Voici donc la situation à laquelle vous deviez arriver :

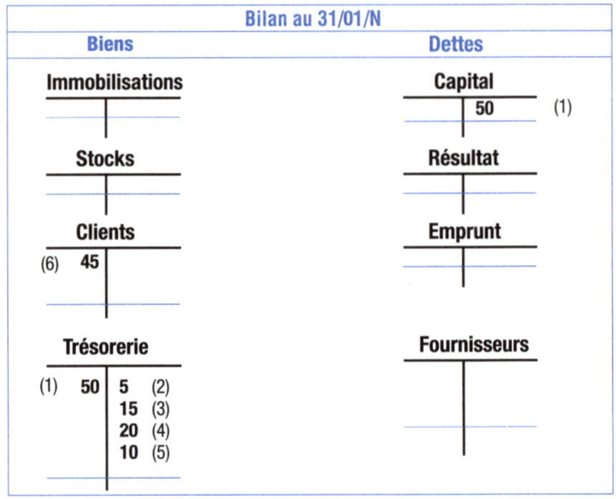

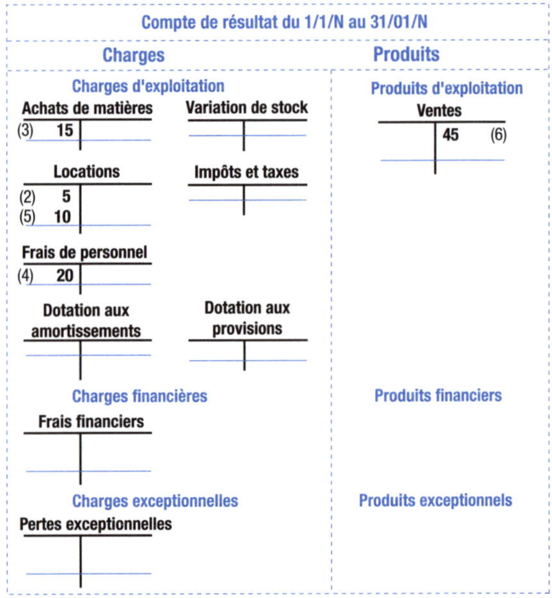

CRÉATION D'ENTREPRISE ET LIQUIDITÉS

Observons que nous n'avons plus d'argent en trésorerie, et que notre banquier risque de donner des signes d'inquiétude justifiée si nous continuons à ne pas encaisser d'argent.
Tout l'argent apporté par les actionnaires sous forme de capital a été consommé par les premiers achats de l'entreprise, qui n'a trouvé personne pour lui faire crédit.
Par contre, le seul client a exigé un règlement différé.
C'est pour cela que nous n'avons plus d'argent.
Le manque de liquidités est souvent le principal obstacle au démarrage d'une entreprise, en dehors de toutes les autres difficultés d'ordre technique, commercial, relationnel et administratif.

EXERCICE 3 (solution page 157)

Nous devons être arrivés au même tableau. Je vais donc vous demander de calculer les soldes de chaque compte et de déterminer le résultat (bénéfice ou perte) de notre entreprise après les 6 premières opérations.
Il serait intéressant que vous arriviez également à décortiquer ce résultat en donnant la participation de chaque opération à sa constitution.

Immobilisations et amortissements

Je vous propose, avant de continuer notre exercice, un point technique sur les immobilisations et leur corollaire, les amortissements.

La notion d'exercice comptable

Rien à voir, rassurez-vous, avec un nouveau problème à résoudre !
Nous savons que le compte de résultat est le film des opérations comptables qui se sont déroulées pendant une certaine période.
« Une certaine période », voilà qui manque pour le moins de précision. Cela me rappelle une formule célèbre où il était question du fût d'un canon.
Soucieuses de précision, les entreprises ont donc quasiment universellement adopté une période d'une année, commençant en général le 1/1/N et finissant le 31/12/N.
C'est cette période que l'on appelle « exercice comptable ».
Le schéma ci-dessous vous explique l'enchaînement du temps, des exercices et des documents comptables :

EXERCICE COMPTABLE ET ANNÉE CIVILE

Rien n'oblige légalement les entreprises à faire coïncider exercice comptable et année civile. Seules les contraintes concurrentielles et relationnelles ont généré cet état de fait.

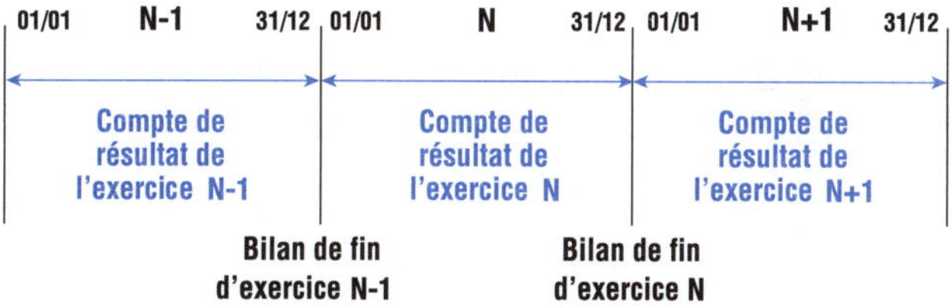

BILAN ET COMPTE DE RÉSULTAT

Le bilan nous renseigne sur la situation d'une entreprise à la fin d'un exercice, alors que le compte de résultat nous décrit ce qu'il s'est passé dans cette entreprise pendant un exercice.

Pour reprendre notre image cinématographique, le compte de résultat reprend le film des événements survenus au cours d'un exercice, alors que le bilan est la photo de la situation de cette entreprise à la fin de l'exercice.
Autrement dit, le bilan est une sorte d'« arrêt sur image » du film que représente le compte de résultat.

Exploitation et investissement

Jusqu'à présent, toutes les dépenses que notre entreprise a engagées correspondaient à des charges d'*exploitation*.
Cela veut dire qu'elles étaient « *consommées* » par notre entreprise *au moment où elles se produisaient*.

Une charge d'exploitation est intégralement consommée au cours d'un exercice comptable. Un investissement correspond à un bien durable dont la propriété est transférée à l'entreprise et dont l'utilisation s'étalera sur plusieurs exercices.

Par exemple, l'opération 2 – la location – correspondait au droit de jouissance de notre local pendant un mois; les matières et les frais de personnel des questions 3 et 4 correspondaient à la production de ce même premier mois.
Nous considérions donc jusqu'à présent des dépenses concernant des éléments de court terme dont nous avions inscrit la contrepartie dans les comptes de charges de notre compte de résultat.
Prenons encore l'opération 5, la location de la machine-outil. Cette dépense n'était que la contrepartie du droit d'utilisation de la machine pendant une courte période; elle n'était en aucune manière la reconnaissance d'un droit de propriété.

Imaginons maintenant que nous voulions acheter une machine au lieu de la louer.

En quoi cet acte d' « investissement » – car il s'agit de cela – se distingue-t-il de l'autre solution que nous avions adoptée, la location?

- En premier lieu et par rapport à ce que nous venons d'exposer, la charge – ici une location – est du domaine du court terme, alors que l'investissement est de celui du long terme : on n'achète pas une machine pour s'en séparer à la fin de l'année.
- En deuxième lieu, l'investissement va nous transférer la propriété de cette machine; cet investissement étant du domaine du long terme, il va entrer dans notre patrimoine, parmi les biens que nous possédons.

ATTENTION!

Tous les biens durables ne sont pas « comptablement » des investissements. Les biens de valeur unitaire inférieure à un seuil variable (souvent 500 € : tables, chaises, calculatrices...), bien que répondant au critère de longévité et de propriété, ne sont pas des « investissements » mais des charges d'exploitation, pour éviter l'alourdissement du fichier légal des immobilisations.

Comptablement, l'investissement s'analyse comme un bien de l'entreprise (ce qu'elle possède), sa contrepartie financière se situant soit au compte « fournisseur » (paiement à crédit), soit au compte « trésorerie » (paiement comptant), soit...

EXERCICE 4 (solution page 158)

Donnez deux des principales autres possibilités pour financer un investissement.

Le tableau suivant donne le schéma de comptabilisation d'un investissement, dans le cas d'un financement par le crédit fournisseur :

Bilan		Compte de résultat	
Biens	Dettes	Charges	Produits
Immobilisations X	**Fournisseurs** X		

Vous remarquez que cette écriture respecte les différentes contraintes que nous avions :

- Notre investissement n'affecte pas les charges de notre entreprise – aucun montant n'a été placé dans le compte de résultat.
- Il n'affecte que notre patrimoine – notre bilan comptable : nous possédons maintenant un bien pour une valeur de X € – compte Immobilisations – que nous finançons ici par le crédit que nous accorde notre fournisseur.

INVESTISSEMENT, IMMOBILISATION ET PATRIMOINE

Un investissement est l'acte d'achat d'un bien durable ; une fois cet investissement effectué, le bien devient une « immobilisation » et entre dans le patrimoine de l'entreprise.

PATRIMOINE

Le patrimoine dont il est question tout au long de cet ouvrage n'est que le patrimoine financier de l'entreprise.
Tous les autres aspects de son patrimoine (commercial, notoriété, humain, technique…) sont totalement occultés en comptabilité.
C'est dommage.
Mais, comment en serait-il autrement ? Comment arriver à les valoriser de manière objective ?
La question reste posée.

Juste à titre de comparaison, et pour nous rafraîchir la mémoire, voici l'écriture que nous aurions passée si cette opération avait été, non un investissement, mais une charge d'exploitation (par exemple une location) :

Bilan		Compte de résultat	
Biens	Dettes	Charges	Produits
	Fournisseurs X	**Locations** X	

Dans cet exemple, la charge d'exploitation – ici une location – impacte notre compte de résultat et notre bilan.

Impacts respectifs d'une charge d'exploitation et d'un investissement sur le résultat comptable d'un exercice

Comparons les deux écritures – charge d'exploitation et investissement – sur le critère de leur impact respectif sur le **résultat** de notre entreprise (qui se calcule en faisant soit Produits - Charges, soit Biens - Dettes).

> **DIFFÉRENTS TYPES D'IMMOBILISATIONS**
>
> Les immobilisations dites « corporelles » sont celles qu'il est possible de toucher (au sens tactile) : les machines, les terrains, les immeubles, les voitures...
> Inversement, les immobilisations dites « incorporelles » sont immatérielles, par exemple les brevets ou encore les titres de participation dans une filiale.

> **VALEUR HISTORIQUE**
>
> - Tous les montants comptabilisés le sont à leur valeur du jour de survenance (date de l'achat, de la vente, du paiement, du règlement).
> - Pour les immobilisations, le principe est le même. Par exemple, un immeuble est comptabilisé à sa valeur d'achat.
> - Si la valeur de cet immeuble baisse, voyez page 39.

1. La **charge d'exploitation** impacte négativement le résultat de l'entreprise, car :
   a. elle augmente les charges et diminue donc le résultat calculé selon le compte de résultat (Produits – Charges),
   b. elle augmente les dettes et diminue donc de la même manière le résultat calculé selon le bilan (Créances – Dettes).
2. L'**investissement** ne modifie en rien le résultat de notre entreprise :
   a. il n'impacte pas le compte de résultat,
   b. il modifie dans la même mesure les dettes et les créances de notre bilan.

Cela signifie donc que, dans la détermination du résultat de notre entreprise, la charge génère une perte alors que l'investissement non. *Est-ce possible ?*

Investissement et amortissement

Nous comprenons facilement qu'un investissement, qui constitue après comptabilisation une immobilisation et qui fait partie de notre patrimoine, n'est pas éternel et qu'il va progressivement perdre de la valeur – *tout comme notre voiture perd de la valeur, selon les lois bien connues de l'argus de l'automobile.*

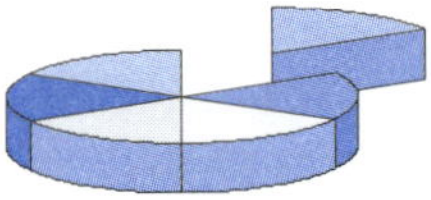

Supposons que nous investissions dans une machine de 120 K€ et que nous prévoyions de l'utiliser pendant 6 ans :

- Tous les ans, elle va perdre 1/6 de sa valeur,
- Au bout des 6 années, elle ne vaudra plus rien.

L'image est celle d'une tarte coupée en 6 – 6 ans – dont nous allons « prendre » tous les ans une part :
Comptablement, l'idée va donc être, pendant 6 ans, de :

- diminuer la valeur de notre immobilisation de 20 K€ par an, soit 120 K€ sur 6 ans,
- passer une charge annuelle correspondant à la perte de la valeur de notre patrimoine de 20 K€, soit 120 K€ au bout des 6 années.

Cela donne le schéma suivant (en noir, l'immobilisation, en bleu l'écriture d'amortissement) :

Bilan		Compte de résultat	
Biens	Dettes	Charges	Produits
Immobilisations 120 | 20 ◄	►	Dotation aux amortissements 20 |	

Cette écriture diminue bien la valeur de notre patrimoine de 20 et permet de constater la charge correspondante.
Son impact négatif sur le résultat de notre entreprise est bien de −20, tant au plan du compte de résultat (les charges augmentent de 20) que du bilan (les biens diminuent aussi de 20).
Au fil des années, progressivement, les écritures de dotation aux amortissement vont diminuer la valeur comptable de l'immobilisation, pour finalement la ramener à zéro :

Année	Valeur de la dotation aux amortissements au Compte de résultat de l'année	Valeur de l'immobilisation au Bilan de fin d'année = valeur nette comptable
1	50/5=10	50-10=40
2	10	40-10=30
3	10	30-10=20
4	10	20-10=10
5	10	10-10=0
6 et suivantes	0	0

Vous constatez qu'à partir de la septième année, pour une durée de vie de six ans, l'immobilisation est totalement amortie et qu'il n'y a plus lieu de pratiquer de dotation aux amortissements.

Comparatif exploitation, investissement et amortissement

Pour terminer ce point technique, imaginons que notre entreprise ait besoin d'une machine; cette machine peut être louée pour 25 K€ par an, ou achetée 100 K€ avec une durée d'amortissement de 4 ans.

Un investissement, au contraire d'une charge d'exploitation, génère au fil du temps plusieurs écritures :

1. Une écriture d'immobilisation, qui n'affecte pas le résultat, pour constater l'entrée du bien dans le patrimoine de l'entreprise (ici financé par un crédit fournisseur) :

Bilan au ...			
Biens		Dettes	
Immo.		Fourn.	
X			X

2. Autant d'écritures de dotation aux amortissements que d'années N de vie du bien pour constater son usure progressive :

Bilan au...		Compte de résultat du... au...	
Biens		Charges	
Immo.		Dot. Amt.	
	X/N	X/N	

VALEUR NETTE COMPTABLE (VNC)

La valeur de l'immobilisation après déduction des amortisseme nts pratiqués s'appelle la Valeur Nette Comptable. (VNC)

Nous pouvons dresser le tableau suivant :

Années	Location	Investissement		
	Charge locative	Valeur de l'immobilisation au début de l'année	Dotation aux amortissements (charge)	Valeur de l'immobilisation à la fin de l'année
1	25	100	25	75
2	25	75	25	50
3	25	50	25	25
4	25	25	25	0
5 et suivantes	25	0	0	0

La location impose une charge répétitive et sans fin dans le temps, mais permet d'étaler la charge financière.
Au contraire, investir impose d'accepter un décaissement anticipé, mais permet de devenir propriétaire du bien, avec ses avantages et inconvénients.

LA DURÉE D'AMORTISSEMENT EST FIXÉE PAR LA LOI :

- 25 ans pour les bâtiments et investissements lourds,
- 10 pour les matériels industriels et commerciaux,
- 4 ou 5 ans pour les véhicules,
- 3 ans pour le matériel informatique.

Rien n'empêche de s'écarter de ces normes, pour autant que la durée choisie soit conforme à la durée réelle d'utilisation.

Une charge d'exploitation :

- Correspond à une notion de *court terme*.
- Est consommée *dans l'exercice* (on appelle exercice la période d'arrêté des comptes, en général l'année civile du 01/01 au 31/12).
- Impacte directement et négativement le résultat de l'entreprise.
- Donne lieu immédiatement (en cas de règlement au comptant) ou à terme (en cas de crédit fournisseur) à un décaissement.
- Sont typiquement des charges : les salaires, les locations, les factures d'EDF, les primes d'assurances…

Un investissement :

- Correspond à la notion de *long terme*.
- Concerne des biens dont la propriété est transférée à l'entreprise et qui rentre conséquemment dans son *patrimoine*.
- N'impacte négativement son résultat que par la *dotation aux amortissements* passée annuellement.
- Donne lieu immédiatement (en cas de règlement au comptant) ou à terme (en cas de crédit fournisseur ou d'emprunt bancaire) à un décaissement.
- Sont typiquement des investissements : les usines, les bâtiments, les véhicules, les ordinateurs – s'ils ne sont pas loués !

Les réponses 7 à 12

À vos crayons pour l'étape suivante, de 7 à 12.

Vous ne devrez avoir pas eu de problème particulier pour cette étape.

L'opération 7 nous permet d'avoir des liquidités, car notre trésorerie était à zéro; mais il a fallu argumenter auprès de notre banquier.

L'opération 8 a été suffisamment détaillée, nous l'espérons.

Comme nous avons une certaine notoriété dans la profession maintenant, les fournisseurs nous font crédit, ce qui nous évite de «tirer» sur notre trésorerie toujours bien fragile (opération 9).

L'opération 10 met cette fois-ci notre trésorerie à découvert (notre banquier saura s'en souvenir, voir opération 17); il serait urgent de commencer à encaisser!

L'opération 11, si elle nous permet de «faire du résultat», n'améliore toujours pas notre trésorerie.

L'opération 12, enfin, améliore notre trésorerie – mais remarquez qu'elle n'améliore pas notre résultat – : elle «transforme» de l'argent «*potentiel*» – une créance – en argent «*réel*» – en trésorerie.

> L'opération 8 donne lieu durant l'année N à deux écritures :
> - l'immobilisation de 60 K€,
> - la dotation aux amortissements de 60/6 = 10 K€.

Bilan au 30/06/N

Biens

Immobilisations

(8)	60	10	(8)

Stocks

Clients

(6)	45	45	(12)
(11)	107		

Trésorerie

(1)	50	5	(2)
(7)	25	15	(3)
(12)	45	20	(4)
		10	(5)
		40	(10)

Dettes

Capital

	50 (1)

Résultat

Emprunt

Fournisseurs

	60 (8)
	35 (9)

Compte de résultat du 1/1/N au 31/06/N

Charges

Charges d'exploitation

Achats de matières

(3) 15	
(9) 35	

Variation de stock

Locations

(2) 5	
(5) 10	

Impôts et taxes

Frais de personnel

(4) 20	
(10) 40	

Dotation aux amortissements

(8) 10	

Dotation aux provisions

Charges financières

Frais financiers

Charges exceptionnelles

Pertes exceptionnelles

Produits

Produits d'exploitation

Ventes

	45 (6)
	107 (11)

Produits financiers

Produits exceptionnels

EXERCICE 5 (solution page 158)

Nous devons être arrivés au même tableau. Je vais donc vous demander de calculer les soldes de chaque compte et de déterminer le résultat (bénéfice ou perte) de notre entreprise après les 12 premières opérations.
Il serait intéressant que vous arriviez également à décortiquer ce résultat en donnant la participation de chaque opération à sa constitution.

Les stocks

L'opération 13 de notre exercice, que nous allons bientôt devoir comptabiliser, nécessite un point technique sur les stocks.
Comme une immobilisation, un stock appartient à l'entreprise.
Mais il en diffère par les points suivants :

- Il est destiné à la *revente* ou à la *transformation* pour la revente, alors qu'une immobilisation reste en l'état.
- Il ne reste la propriété de l'entreprise que pendant le délai *le plus court possible*.

Il se comptabilise comme suit (dans le cas d'un financement par crédit fournisseur) :

Bilan		Compte de résultat	
Biens	**Dettes**	**Charges**	**Produits**
Stocks 30 |	**Fournisseurs** | 30		

Lors la revente partielle ou totale du stock (ici pour une valeur de 20), nous constaterons la diminution du stock et un achat « fictif » (une charge) :

Bilan		Compte de résultat	
Biens	**Dettes**	**Charges**	**Produits**
Stocks 30 | 20 10 |		**Variation de stock** 20 |	

Il « reste » alors 10 en stock, et nous avons constaté une charge de 20.
Tout se passe comme si notre achat de départ de 30 avait été décomposé en :

- une charge de 20,
- un stock de 10.

Il nous reste un stock de 10, dont nous sommes propriétaires, et que nous pourrons revendre ou transformer ultérieurement.

PRORATA TEMPORIS !

J'ai simplifié quelque peu notre écriture de dotation aux amortissements.
Vous aviez remarqué que notre investissement avait été effectué au milieu de l'année N.
Il aurait fallu en conséquence ne calculer en N qu'une dotation de 10 (année complète) x 1/2 année, soit 5 K€.
La répartition dans le temps des dotations aux amortissements aurait alors été :

Année	Dotation
1	5
2	10
3	10
4	10
5	10
6	10
7	5
Total	60

STOCKS

Le stock, propriété de l'entreprise et destiné à la revente, est un compte d'attente, comme le compte « clients » (qui est destiné à l'encaissement).
Comme l'immobilisation, le stockage n'impacte que le patrimoine de l'entreprise, et n'affecte pas son résultat.

De la théorie comparative : charges d'exploitation, stocks et immobilisations

Qu'est-ce qu'une charge d'exploitation ?

- Une charge est « *consommée* » dans l'exercice ou la période considérée.
- Elle affecte le compte de résultat de l'entreprise (augmentation des charges) et son patrimoine (augmentation des dettes – crédit fournisseurs par exemple – ou diminution des biens – paiement cash par exemple).
- Elle *diminue* donc directement le résultat comptable de l'entreprise.
- Elle déclenche, immédiatement ou à terme, un décaissement – par exemple à l'échéance du crédit fournisseur.

SONT TYPIQUEMENT DES CHARGES D'EXPLOITATION :

les loyers, les assurances, les salaires, les prestations extérieures (honoraires, énergie, fournitures...), les achats divers, les impôts et taxes...

Qu'est-ce qu'un stock ?

- Il est la *propriété* de l'entreprise et entre dans son patrimoine.
- Il est constitué de biens et de matières destinés soit à la *transformation* (pour les entreprises de production), soit à la *revente* (pour des entreprises de négoce).
- Il ne transite en général dans l'entreprise que pour des *durées courtes* (flux tendus).
- La modification du résultat ne se réalise que lors de la vente du stock.
- Il déclenche, immédiatement ou à terme, un décaissement – par exemple à l'échéance du crédit fournisseur.

SONT TYPIQUEMENT DES STOCKS :

les biens destinés à la revente, les matières premières destinées à la transformation, les pièces détachées...

Qu'est-ce qu'une immobilisation ?

- Elle est la *propriété* de l'entreprise et entre dans son patrimoine.
- Elle est constituée de biens permettant à l'entreprise de poursuivre son objet social : machines pour produire, véhicules et locaux pour le personnel, participations financières pour les holdings financiers… Elle est donc constituée de biens restant dans l'entreprise à *long terme.*
- La modification du résultat, contrepartie de la diminution de la valeur comptable de l'immobilisation, se fait ultérieurement par la dotation aux amortissements.
- Elle déclenche, immédiatement ou à terme, un décaissement – par exemple à l'échéance du crédit fournisseur.

À vous maintenant de jouer pour les questions 13 à 17 sur la grille proposée.

SONT TYPIQUEMENT DES IMMOBILISATIONS :

les machines, les véhicules, les usines, les terrains, les participations financières...

> Cette opération 14 nous rapporte en fait une marge (valeur de ce que nous avons vendu - 30 K€ - diminuée du prix auquel nous l'avons acheté - 20 K€) de 10 K€.

Les réponses 13 à 17

L'opération 13 est la constitution d'un stock et n'affecte donc que notre patrimoine – bilan.
L'opération 14 est un peu délicate, car elle comporte en fait deux « sous-opérations » :

- l'opération « 14a » : vente de 30 K€,
- l'opération « 14b » : déstockage de 20 K€ – sans laquelle la vente ne pourrait être réalisée.

Bilan au 30/09/N

Biens

Immobilisations

(8)	60	10	(8)

Stocks

(13)	30	20	(14b)

Clients

(6)	45	45	(12)
(11)	107	107	(15)
(14a)	30		

Trésorerie

(1)	50	5	(2)
(7)	25	15	(3)
(12)	45	20	(4)
(15)	107	10	(5)
		40	(10)
		95	(16)
		1	(17)

Dettes

Capital

		50	(1)

Résultat

Emprunt

		25	(7)

Fournisseurs

(16)	60	60	(8)
(16)	35	35	(9)
		30	(13)

Compte de résultat du 1/1/N au 30/09/N

Charges

Charges d'exploitation

Achats de matières

(3)	15	
(9)	35	

Variation de stock

(14b)	20	

Locations

(2)	5	
(5)	10	

Impôts et taxes

Frais de personnel

(4)	20	
(10)	40	

Dotation aux amortissements

(8)	10	

Dotation aux provisions

Charges financières

Frais financiers

(17)	1	

Charges exceptionnelles

Pertes exceptionnelles

Produits

Produits d'exploitation

Ventes

	45	(6)
	107	(11)
	30	(14a)

Produits financiers

Produits exceptionnels

Les opérations 15 et 16 n'affectent pas le résultat, mais modifient notre position de trésorerie, qui s'améliore de 107 – 95 = 12 K€.
Enfin, notre banquier se souvient (car il a une mémoire d'éléphant) de notre découvert bancaire après l'opération 10, et nous décompte des agios bancaires qui, par leur nature financière, sont à classer dans les charges financières et directement prélevées par le banquier sur notre compte courant.

EXERCICE 6 (solution page 159)
Exercice classique auquel vous êtes maintenant habitué : calcul des soldes de chaque compte, double détermination du résultat, et enfin décomposition de ce résultat opération par opération.

Pertes et dotations aux provisions pour dépréciation

Quelles sont les principales qualités d'un comptable ? Vous en connaissez déjà certaines : la logique, la précision, voire une certaine maniaquerie…
Vous pouvez en ajouter une autre : *la prudence* !
Cela signifie qu'il va anticiper, autant que faire se peut, les mauvaises nouvelles.

UN COMPTABLE PRUDENT…

- En cas de mauvaise nouvelle définitive, il va constater la perte correspondante dans un compte de pertes exceptionnelles.
- En cas de risque – mesuré en terme de probabilité de survenance –, il va procéder à une provision dans un compte de dotation aux provisions pour dépréciation.

Quelques exemples

- Une entreprise possède un bien immobilier acheté et inscrit au bilan – à son patrimoine – pour une valeur de 1 million de €. Or les aléas de la spéculation immobilière ont fait que cet immeuble ne vaut plus sur le marché que 800 K€. Laisser ce bien à sa valeur d'achat serait inexact et trompeur pour les tiers. Il doit donc être déprécié par une « dotation aux provisions pour dépréciation des immobilisations » de 200 K€ :

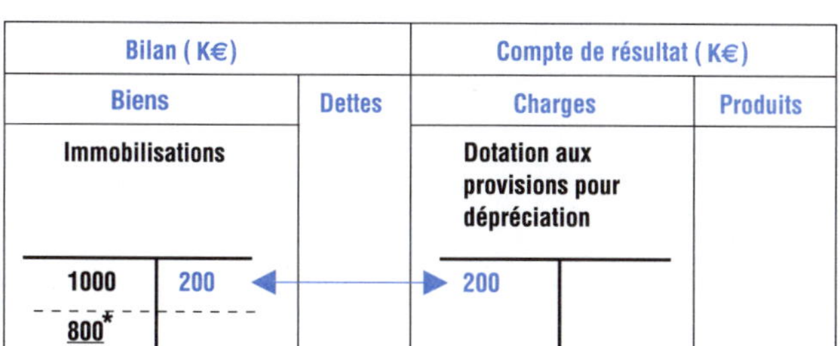

* Valeur après dépréciation.

Le résultat se trouve ici minoré de 200 K€, soit le montant de la dépréciation constatée du bien par rapport au marché. Le bien est maintenant évalué au prix du marché. Enfin, on l'espère !

PERTE RÉELLE OU POTENTIELLE

Une perte constatée ou certaine à 100% passe en comptabilité en pertes exceptionnelles. Ce qui n'est que potentiellement perdu, par exemple une dépréciation de stock, d'immobilisation ou encore la crainte qu'un client ne paye pas doit par contre passer en provision (pour dépréciation).

- Une autre entreprise possède un stock d'une valeur comptable de 250 K€. Malheureusement, pour diverses raisons (vieillissement technique, déprédations diverses et vols par exemple), sa valeur commerciale peut être estimée à 225 K€ seulement. Elle devra constituer une dotation aux provisions pour dépréciation des stocks pour 25 K€ *selon le même schéma que ci-dessus.*

- Une entreprise est avertie qu'un client qui lui doit 50 K€ est mis en redressement judiciaire et que le risque qu'il ne paie pas est de 50%. L'entreprise doit donc constituer une provision pour dépréciation des créances clients de 25 K€ :

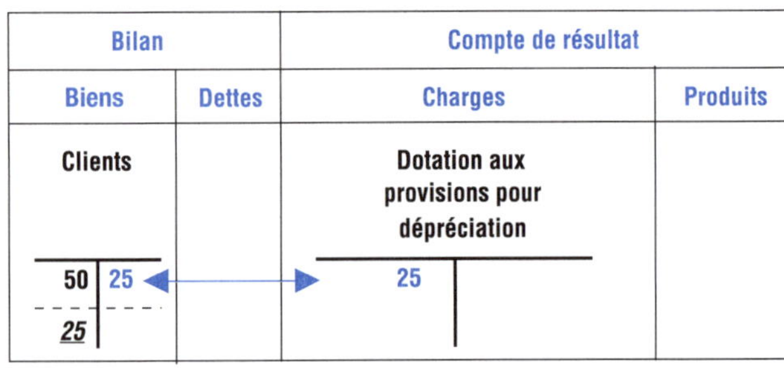

- Un patron est informé qu'un client qui lui devait 100 K€ est parti aux Bahamas avec sa femme (la sienne, pas celle du client). Outre le choc que cette nouvelle peut affectivement lui apporter, il doit s'assurer que son comptable constate effectivement la perte définitive – car on ne rentre jamais des Bahamas – de sa créance sur ce client peu scrupuleux :

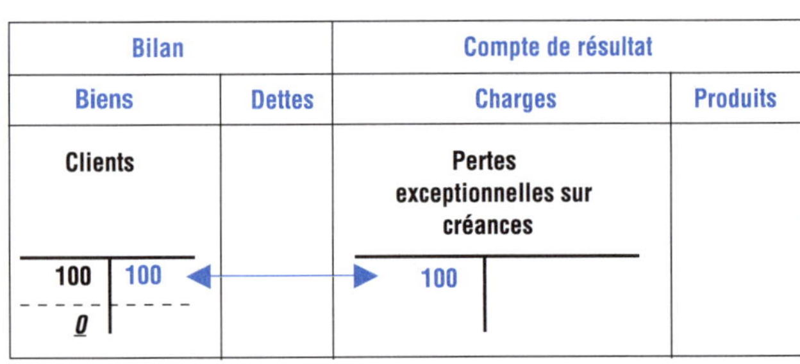

Dans les trois premiers cas, il s'agissait de risques de surévaluation des biens de l'entreprise, pour lesquels il fallait passer des dotations aux provisions pour dépréciation.
Le dernier cas représente une perte définitive et avérée de la valeur de ses créances, qui nécessite la passation d'une perte exceptionnelle (sur créances devenues irrécouvrables).

Capital et intérêts

La logique financière classique impose de financer une immobilisation (à long terme) par un emprunt également à long terme. C'est donc l'occasion de faire un peu de théorie financière sur les emprunts.
Tout remboursement d'emprunt comporte deux parties :

- le remboursement d'une partie du capital emprunté,
- la rémunération sous forme d'intérêts du capital prêté par le banquier.

Ceci est facilement compréhensible :

- Si la première composante était nulle, le capital ne serait jamais remboursé et nous serions endettés à vie.
- Si la deuxième était nulle, le banquier ne serait pas rémunéré pour sa prestation (la mise à disposition de l'argent).

Classiquement, la plupart des emprunts sont remboursés par annuités constantes, qui répartissent par un jeu savant de mathématiques financières dont je vous fais grâce la part de capital et la part d'intérêts dans chaque annuité constante.
Le graphique comparatif de la part de chaque élément dans l'annuité constante donne quelque chose comme ceci :

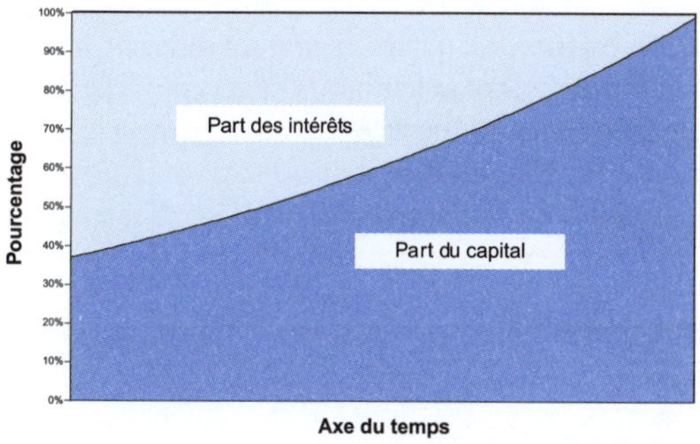

Il est facile de constater sur ce graphique que la part des intérêts dans le remboursement à annuités constantes est dégressive, et que celle du capital est progressive.
La première annuité comporte deux fois plus d'intérêts que de capital.
La dernière annuité ne comporte que très peu d'intérêts et ne rembourse presque que du capital.
Ceci vous explique pourquoi, si vous voulez rembourser un emprunt de manière anticipée à la moitié de sa durée, la banque vous demande plus de la moitié du capital emprunté (un peu plus de 62% en fait).

Vous êtes maintenant armé pour attaquer la dernière étape de notre semi-marathon comptable – rassurez-vous, les derniers kilomètres ne sont pas les plus durs !

Les réponses 18 à 22

L'opération 18 est typiquement une perte exceptionnelle (sur créance devenue irrécouvrable).
L'opération 19 se décompose en 5 de remboursement de capital et 2 de frais financiers.
L'opération 20 est typiquement une dotation aux provisions (pour dépréciation des créances clients).

> Par souci de simplification pour l'opération 22, j'ai choisi d'utiliser le compte Fournisseur.
> En fait, il aurait fallu utiliser le compte État, qui est un autre compte de dette.
> Mais, finalement, l'État n'est (presque!) qu'un fournisseur comme un autre!

Rien de spécial concernant l'opération 21.
Enfin, l'opération 22 est une autre illustration de la prudence des gestionnaires : puisque notre dette vis-à-vis de l'État est certaine, nous enregistrons la charge correspondante et la dette à payer (car nous ne payons pas tout de suite) dans un compte de dette.

Bilan au 31/12/N

Biens

Immobilisations

(8)	60	10	(8)

Stocks

(13)	30	20	(14b)

Clients

(6)	45	45	(12)
(11)	107	107	(15)
(14a)	30	3	(18)
		7	(20)

Trésorerie

(1)	50	5	(2)
(7)	25	15	(3)
(12)	45	20	(4)
(15)	107	10	(5)
		40	(10)
		95	(16)
		1	(17)
		7	(19)
		20	(21)

Dettes

Capital

		50	(1)

Résultat

Emprunt

(19)	5	25	(7)

Fournisseurs

(16)	60	60	(8)
(16)	35	35	(9)
(21)	20	30	(13)
		10	(22)

Compte de résultat du 1/1/N au 31/12/N

Charges

Charges d'exploitation

Achats de matières

(3)	15		
(9)	35		

Variation de stock

(14b)	20		

Locations

(2)	5		
(5)	10		

Impôts et taxes

(22)	10		

Frais de personnel

(4)	20		
(10)	40		

Dotation aux amortissements

(8)	10		

Dotation aux provisions

(20)	7		

Charges financières

Frais financiers

(17)	1		
(19)	2		

Charges exceptionnelles

Pertes exceptionnelles

(18)	3		

Produits

Produits d'exploitation

Ventes

		45	(6)
		107	(11)
		30	(14a)

Produits financiers

Produits exceptionnels

> Tous les comptes sont maintenant alimentés. Il nous restera à calculer le résultat, et à le placer à sa place dans le compte «résultat» (dettes du bilan). C'est l'objet de l'exercice 7.

EXERCICE 7 (solution page 160)
Pour la dernière fois, calculez soldes, résultat et décomposition du résultat. C'est la dernière fois, promis juré!

Compléments et précisions

Partant de la matière comptable élaborée précédemment, nous allons progressivement prendre de la hauteur pour aborder des notions proches de l'analyse financière : capitaux propres, affectation du résultat, dividendes, liquidation et continuation de l'activité... Nous serons alors armés pour nous envoler définitivement dans le firmament de l'analyse financière, en toute sécurité !

Fin d'année... début d'année...

Avant le réveillon...

La situation au 31/12/N, fin de l'exercice N, est la suivante :

Bilan au 31/12/N			
Biens		**Dettes**	
Immobilisations	50	Capital	50
Stocks	10	Résultat	4
Clients	20	Emprunt	20
Trésorerie	14	Fournisseurs	20
Total	94	Total	94

Compte de résultat du 1/1/N au 31/12/N			
Charges		**Produits**	
Achats de matières	50	Ventes	182
Variation de stock	20		
Location	15		
Impôts et taxes	10		
Frais de personnel	60		
Dotations aux amortissements	10		
Dotations aux provisions	7		
Frais financiers	3		
Pertes exceptionnelles	3		
Bénéfice	4	Perte	0
Total	182	Total	182

Ces tableaux nous informent sur :

- le patrimoine de notre entreprise au 31/12/N (biens et dettes),
- le détail des opérations économiques survenues au cours de l'exercice N (du 1/1 au 31/12) et qui justifient le patrimoine au 31/12.

Rappel sur l'enchaînement des comptes

Vous vous souvenez probablement de ce schéma :

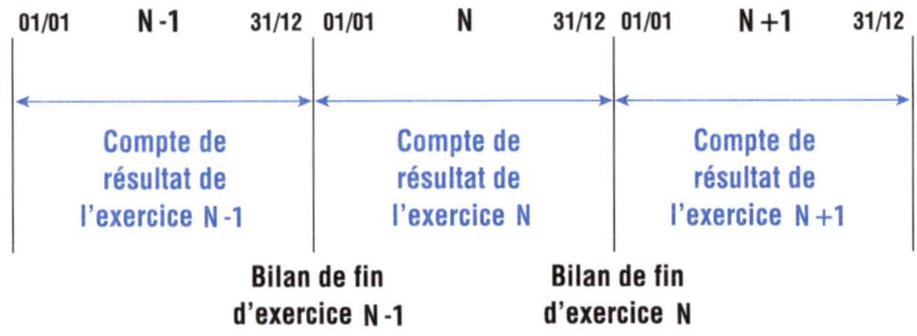

Selon lui, un bilan est « encadré » entre le compte de résultat de l'exercice précédent et celui de l'exercice suivant.
Nous sommes au 31/12/N.
Après le réveillon, nous allons comptablement retrouver :

- le bilan de la situation patrimoniale de notre entreprise au 01/01/N + 1 (qui sera le même que celui au 31/12/N, aucun événement ne s'étant passé entre les deux),
- le compte de résultat de l'exercice N + 1, contenant les opérations du 01/01/N + 1 au 31/12/N + 1 ; étant au début de l'exercice, il est vierge.

LE 1er JANVIER N + 1

La nouvelle année commence donc avec :
- Le bilan précédent, résultant de l'activité de l'entreprise depuis sa création.
- Un compte de résultat vierge qui collectera les informations de l'exercice à venir.

Happy new year !

La situation au 01/01/N + 1 est donc la suivante :

Bilan au 01/01/N +1			
Biens		Dettes	
Immobilisations	50	Capital	50
Stocks	10	Résultat	4
Clients	20	Emprunt	20
Trésorerie	14	Fournisseurs	20
Total	94	Total	94

Compte de résultat du 1/1/N +1 au …			
Charges		Produits	
Achats de matières		Ventes	
Variation de stock			
Location			
Impôts et taxes			
Frais de personnel			
Dotations aux amortissements			
Dotations aux provisions			
Frais financiers			
Pertes exceptionnelles			
Bénéfice	0	Perte	0
Total	0	Total	0

Une nouvelle présentation du bilan et du compte de résultat

Abandonnons la présentation du bilan et de compte de résultat utilisée jusqu'à présent pour adopter une présentation qui, sans rien changer dans le fond, est plus universellement adoptée.

Nous allons ainsi :

- regrouper le capital et le résultat sous le terme de Capitaux propres (ce qui veut dire «*capitaux laissés à la disposition de l'entreprise par les actionnaires*»),
- débaptiser les postes Clients et Fournisseurs par les termes de Créances à court terme et Dettes à court terme :

Bilan au 31/12/N			
Biens		**Dettes**	
Immobilisations	50	Capitaux propres	54
Stocks	10	Dettes LT	20
Créances CT	20	Dettes CT	20
Trésorerie	14		
Total	**94**	**Total**	**94**

CAPITAUX PROPRES

Le capital est une somme confiée à l'entreprise par les actionnaires.
Le résultat généré par l'exploitation de l'entreprise est la «propriété» de ses propriétaires (les actionnaires), mais reste à la disposition de celle-ci tant qu'ils le lui laissent à disposition.
Les «Capitaux propres» représentent donc «les capitaux laissés à la disposition de l'entreprise par les actionnaires».
On parle aussi de SITUATION NETTE, c'est un synonyme

Affectation du résultat

Dans notre exercice, nous avons considéré que le résultat que nous avions généré au cours de l'exercice (4 K€) était intégralement intégré au bilan de l'entreprise, et venait donc augmenter les capitaux propres de notre entreprise pour ce montant de 4 K€.
Ce n'est malheureusement pas toujours le cas.

PONCTION SUR LE RÉSULTAT

Le résultat généré par l'exploitation de l'entreprise ne vient pas intégralement consolider le patrimoine de l'entreprise.
Il est en effet diminué des éventuels :
- Impôts sur les bénéfices des sociétés (IS) versés au fisc.
- Dividendes versés aux actionnaires.

Une entreprise bien gérée optimisera sa gestion fiscale pour éviter des ponctions fiscales évitables.
Des actionnaires avisés éviteront de ponctionner trop de dividendes au risque de fragiliser la situation financière de leur entreprise (il ne faut pas tuer la « poule aux œufs d'or »).

Deux intervenants vont maintenant entrer en scène, l'État – le fisc – et les actionnaires.

- Quand l'entreprise « fait du résultat », elle dégage un résultat fiscal, sur lequel elle va être imposée au titre de l'impôt sur le bénéfice des sociétés (IS).
- De même, les actionnaires vont, éventuellement, décider de prélever une certaine somme sur ce résultat sous forme de dividende, en rémunération de la mise à disposition du capital.

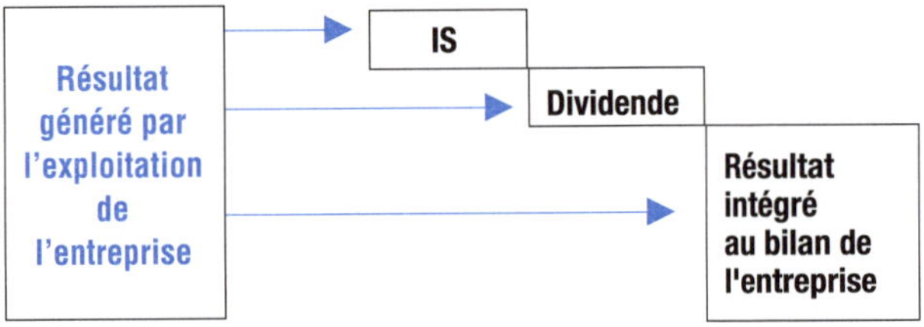

Le schéma est le suivant :
Dans notre exercice, si nous supposons maintenant que les sommes versées sous forme d'IS et de dividendes sont respectivement de 1 et de 2, le résultat intégré au bilan ne sera plus que 4 – 2 – 1 = 1.
Le bilan se présentera ainsi (dans l'hypothèse d'un paiement immédiat de ces sommes par la trésorerie) :

Bilan au 31/12/N			
Biens		**Dettes**	
Immobilisations	50	Capitaux propres	54-3=51
Stock	10	Dettes LT	20
Créances CT	20	Dettes CT	20
Trésorerie	14-3=11		
Total	**91**	**Total**	**91**

Le bilan est toujours équilibré, mais « diminué » de **3** du côté des biens (trésorerie) et des dettes (capitaux propres).

Un avant-goût d'analyse financière

Je vous propose les deux bilans suivants.
Ils sont tous les deux établis à la même date, pour la même entreprise, avec les mêmes performances économiques.
Le seul élément qui distingue la première hypothèse de la seconde concerne la *politique des actionnaires* :

- Dans le premier cas, les actionnaires décident de laisser l'entreprise profiter des résultats de son exploitation, et de ne pas prélever de dividendes.
- Dans le second, considérant que ces résultats doivent aussi leur profiter, ils décident de prélever des dividendes.

Voici le premier, sans distribution :

Bilan SANS distribution			
Biens		Dettes	
Immobilisations	100	Capitaux propres	65
Stocks	10		
Créances CT	30	Dettes LT	55
Trésorerie	15	Dettes CT	35
Total	155	Total	155

Un bilan est toujours équilibré. Celui-ci l'est.

Créances CT et clients sont synonymes, tout comme dettes CT et fournisseurs

Dans le deuxième cas, les actionnaires décident de prélever 15 K€. L'entreprise va donc leur régler cette somme en la sortant de sa trésorerie (qui devient ainsi nulle) :

Bilan AVEC distribution			
Biens		Dettes	
Immobilisations	100	Capitaux propres 65-15=50	50
Stocks	10		
Créances CT	30	Dettes LT	55
Trésorerie 15-15=0	0	Dettes CT	35
Total	140	Total	140

PRINCIPE DES VASES COMMUNICANTS

Dans un bilan, puisqu'il doit rester équilibré, quand une dette de 15 disparaît, un bien de 15 doit également disparaître.
Ce principe fondamental servira énormément en analyse financière.

Dans ces cas, l'entreprise ne dispose plus de la trésorerie donnée aux actionnaires et se trouve donc fragilisée pour faire face à ses obligations financières.

> **QUE VALENT VRAIMENT LES CAPITAUX PROPRES ?**
>
> La valeur comptable d'une entreprise est représentée par ses capitaux propres, somme du capital apporté par ses actionnaires et du résultat généré par son exploitation.
> Il existe cependant de nombreuses limites à cette analyse.
> - Le bilan n'est que la photo de la situation patrimoniale d'une entreprise à une date donnée; cette approche occulte partiellement les notions de dynamique, d'évolution, constatées elles par le compte de résultat.
> - Toute surévaluation des biens de l'entreprise non prise en compte dans le bilan va diminuer l'argent disponible pour payer les actionnaires et même, éventuellement, les autres créanciers.
> - Enfin, nulle référence n'est faite dans cette approche aux éléments externes : commercial, marketing, concurrence, marché, recherche...

Que « vaut » notre entreprise au 31/12/N ?

Reprenons l'image de son patrimoine (son bilan) :

Biens		Dettes	
Immobilisations	**50**	**Capitaux propres**	**54**
Stocks	**10**		
Créances CT	**20**	**Dettes LT**	**20**
Trésorerie	**14**	**Dettes CT**	**20**
Total	**94**	**Total**	**94**

L'étude de ce bilan nous apprend qu'elle *possède* 94 K€ sous la forme de :
- 50 de biens immobilisés,
- 10 de stocks,
- 20 de créances clients,
- et 14 d'argent disponible.

Elle a des **dettes** de 94 K€ (équilibre, équilibre !) qui se décomposent en :
- 20 de dettes aux banquiers,
- 20 de dettes aux divers fournisseurs (dont l'État si vous vous en souvenez),
- 54 de capitaux propres (50 de capital et 4 de résultat) qui sont dus aux actionnaires !

Supposons maintenant que les actionnaires se réunissent et décident de la liquidation de l'entreprise.
Les biens de l'entreprise vont être vendus; les actionnaires disposeront de 94 K€ pour payer les dettes.
Qui devront-ils payer : les banquiers et les fournisseurs, pour 20 + 20 = 40 K€.
Il restera 54 K€ (les capitaux propres) qui serviront à payer les actionnaires en contrepartie du capital versé initialement et du résultat généré par l'entreprise.
Les actionnaires auront donc placé 50 K€ et leur rémunération aura été de 4 K€, montant du résultat.

Et la vie continue…

L'entreprise n'est pas liquidée mais continue son activité. Faisons un nouveau voyage dans le temps, mais vers le futur cette fois-ci.
Nous voici le 31/12/N + 10.
Entre le 01/01/N + 1 et le 31/12/N + 10, se seront déroulés les 10 exercices N + 1 à N + 10.
Ces 10 exercices auront généré des résultats, bénéfices ou pertes, selon les bonnes ou mauvaises fortunes de l'entreprise.
En cas de bénéfices, ils auront peut-être été réduits par les impôts et les dividendes.
Les *bénéfices* ainsi réduits vont aller *consolider* les capitaux propres de notre entreprise.
Les *pertes*, elles, viendront les *diminuer*.
Nous pouvons imaginer ce bilan au 31/12/N + 10 :

Bilan au 31/12/N+10			
Biens		**Dettes**	
Immobilisations	**115**	**Capital**	**50**
Stocks	**25**	**Résultats**	
		N+1	**3**
		N+2	**2**
		N+3	**-5**
		N+4	**10**
		N+5	**6**
		N+6	**-2**
		N+7	**0**
		N+8	**13**
		N+9	**10**
		N+10	**2**
Créances CT	**28**	**Capitaux propres**	**89**
Trésorerie	**-3**	**Dettes LT**	**28**
		Dettes CT	**48**
Total	**165**	**Total**	**165**

MÉMOIRE D'ÉLÉPHANT

Le bilan d'une entreprise a de la mémoire : il représente l'image la plus fidèle possible du patrimoine financier de l'entreprise compte tenu de tous les éléments qui se sont passés depuis sa création.

Les différents résultats (dont des pertes en N + 3 et N + 6) viennent consolider les capitaux propres de l'entreprise et participer à la constitution de son bilan à la fin de la période (ici, N + 10).

Vous avez remarqué que la trésorerie est déficitaire (découvert bancaire !).

Que se passe-t-il en cas de cessation d'activité ?

Une entreprise peut cesser son activité essentiellement parce qu'elle n'est plus viable ou qu'elle est dissoute par ses actionnaires (cas exceptionnel).

Entreprise en mauvaise santé

Nous pouvons imaginer ce bilan d'une entreprise qui a enregistré de fortes pertes :

Les capitaux propres de 30 sont constitués du capital de 50 diminué des pertes cumulées à la fin de la période de 20.

Bilan au ...			
Biens		Dettes	
Immobilisations	60	Capital	50
		Résultat	-20
Stocks	25	Capitaux propres	30
Créances CT	35	Dettes LT	55
Trésorerie	-5	Dettes CT	30
Total	115	Total	115

L'entreprise est liquidée, ses biens mis en vente et les créanciers réglés.

Selon le schéma que nous connaissons, l'opération se déroule comme suit :

- Les biens sont vendus pour leur valeur de 115.
- Avec ces 115, les créanciers (Dettes LT et CT) sont payés pour 55 + 30 = 85.
- Restent 115 – 85 = 30 de capitaux propres qui reviennent aux actionnaires.

Mais on peut imaginer que, dans ce contexte, l'ensemble des biens de l'entreprise n'aient pas été évalués à leur juste valeur :

- Les immobilisations, faute d'argent, n'ont pas été correctement entretenues.
- Les stocks sont peut-être constitués de « nanars » invendables.
- Certains clients, indélicats, vont profiter de la faiblesse de l'entreprise pour se « faire la belle ».

Imaginons donc que la situation soit en fait la suivante :

- Les immobilisations ne valent que 40.
- Les stocks 20.
- Les clients 25.

Les biens de l'entreprise, rectifiés, ne valent maintenant réellement plus que 40 + 20 + 25 = 85, soit 20 de moins que précédemment.
Avec cette somme diminuée, il va toujours falloir payer les créanciers pour la somme inchangée de 85.
Conclusion : les actionnaires ont tout perdu !

Ceci nous explique l'importance du principe de prudence comptable, pour assurer le plus possible de fiabilité à l'évaluation des entreprises à l'usage des actionnaires, des clients, des fournisseurs, du personnel.
Cela devrait également vous inciter *vous-même* à la prudence quand vous étudierez des états comptables !

Cessation volontaire d'activité

Pour nous remonter le moral après toutes ces catastrophes, je vous propose, à partir du même bilan, se simuler la situation dans le cas inverse.

EXERCICE 8 (solution page 160)

Simulez la liquidation de la même entreprise si cette fois :

- Les immobilisations, du fait de la spéculation immobilière, valent en fait 75 au prix du marché,
- Les stocks trouvent facilement preneurs pour 32,
- Les clients ne paient que 33 (le risque zéro n'existe pas).

Le comptable aurait normalement dû prendre en compte ces éléments par le biais de provisions pour dépréciation.
Mais il ne l'a pas fait pour ne pas alarmer les banquiers ni peut-être même les actionnaires.
Il a eu tort !

LIQUIDATION : QUI EST PAYÉ ?

Lors de liquidations particulièrement désastreuses, il n'est même pas dégagé suffisamment de liquidités pour payer tous les créanciers.
Ceux-ci sont alors classés dans un certain ordre de priorité pour le paiement.
Pour être simple, sachez que les premiers à être payés sont les créanciers protégés, à commencer par l'État, les caisses sociales et le personnel.
Les partenaires économiques, industriels et commerciaux sont mis « dans la masse » et payés, quand ils le sont, à la fin avec ce qu'il reste.
D'où l'intérêt de bien surveiller la santé financière de ses clients : il vaut mieux ne pas vendre que vendre et ne pas être payé !

LE DICTON DU JOUR (ET MÊME DE TOUTE VOTRE VIE FINANCIÈRE)

« Prudence est mère de sûreté »

HT, TVA et TTC

Peut-être serez-vous intéressé par ce graphique qui représente l'origine des recettes fiscales de l'État :

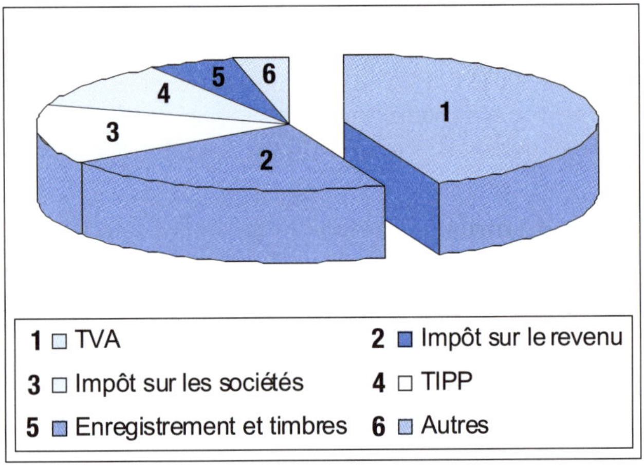

Ces informations sont présentes dans votre déclaration d'impôt depuis 1999. Elles ne varient guère en proportion d'une année sur l'autre.

La plus grosse part, 44% du total, représente la TVA.
La TVA rapporte :
- plus de deux fois l'impôt sur le revenu,
- trois fois l'impôt sur les sociétés,
- quatre fois la trop célèbre TIPP (la taxe sur l'essence).

Cet impôt est un impôt indirect (avec à la fois toute l'efficacité et l'injustice attachées à ce type d'impôt) qui est basé sur la valeur ajoutée.
Son fonctionnement est, comme toutes les grandes inventions, fort simple :
- Toute entreprise, en générant une différence entre ses ventes et ses achats, crée une « Valeur Ajoutée ». C'est cette valeur ajoutée qui est imposée entreprise par entreprise.
- Chaque entreprise participant au cycle de fabrication du produit apporte sa valeur ajoutée à la valeur ajoutée totale du produit.
- Par un jeu de déductibilité que nous exposerons plus loin, les entreprises ne supportent pas la charge de la TVA, laquelle est intégralement supportée par l'utilisateur final.

TVA

La taxe sur la valeur ajoutée est intégralement supportée par le dernier intervenant, le client final (vous et moi).
C'est l'impôt le plus important de la palette fiscale française.

La TVA : comment ça marche ?

> La TVA transforme chaque entreprise en percepteur.

Premier temps (TVA 20 %)

L'entreprise enregistre ses achats et ses ventes au fil du mois selon le schéma proposé :

- Achat de 100 HT (TVA 20, TTC 120) en caractères soulignés.
- Vente de 300 HT (TVA 60, TTC 360) en caractères normaux.
- L'entreprise ayant normalement plus de ventes que d'achats, elle constate qu'elle doit de la TVA à l'État.

En fin de mois

Elle règle la TVA qu'elle doit à l'État, en bleu.

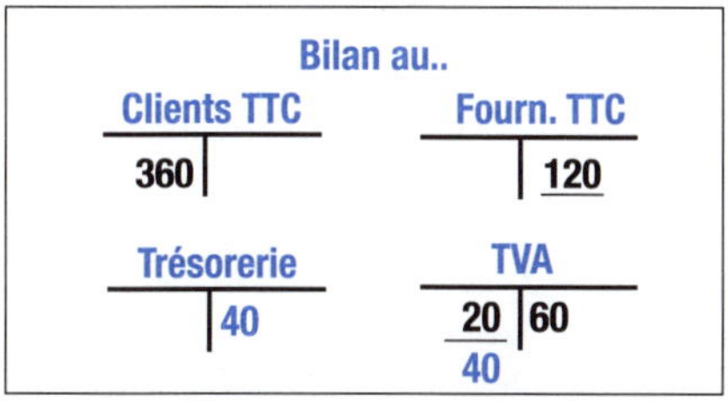

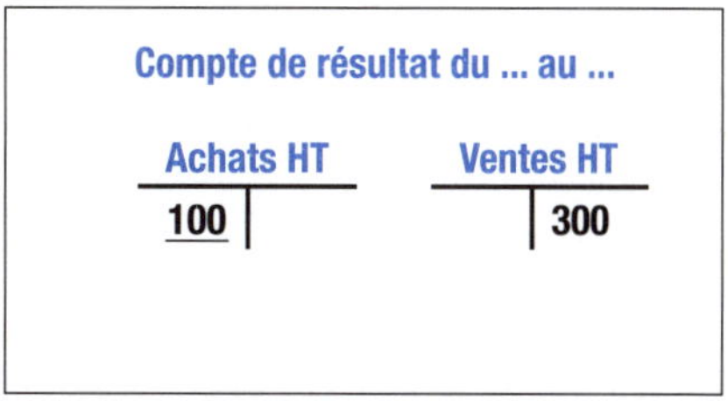

En conclusion

- La TVA est la principale ressource de l'État.
- Le compte de résultat de l'entreprise est HORS TAXE.
- Au bilan, seuls les comptes Clients et Fournisseurs sont TTC.
- La TVA n'a pas d'incidence *sur le résultat de l'entreprise*, mais seulement sur sa *trésorerie* par les décalages entre le règlement de la TVA et son encaissement effectif des clients.

> Vous remarquez que l'entreprise fait un chèque de 40, ce qui correspond à la taxe sur la valeur ajoutée qu'elle a générée (40 = 20 % x (300 - 100)).

> La TVA n'impacte que temporairement la trésorerie de l'entreprise.

LES PRINCIPAUX FAUX AMIS

- Le Résultat n'est pas la trésorerie.
- Chiffre d'affaires (CA) et Capital caractérisent la taille de l'entreprise, non sa rentabilité.

Vous avez dit faux amis ?

Votre connaissance des systèmes de gestion vous permet déjà de vous repérer dans le langage parfois difficile, souvent déroutant, et, pourquoi ne pas le dire, assez gênant de la finance et de la gestion.
Beaucoup de faux amis et d'imprécisions dans les media économiques ou généralistes n'arrangent pas véritablement les choses.

Je me permets donc de souligner les quelques points ci- dessous qui me paraissent particulièrement importants :

- Le résultat d'une entreprise est l'indicateur de la rentabilité de l'entreprise pendant une période, en général l'année civile.
- Ce résultat est indépendant de la trésorerie de l'entreprise.
- Une entreprise peut faire des résultats positifs et ne pas avoir d'argent en caisse.
- Inversement, elle peut avoir une trésorerie positive et ne pas réaliser de bénéfice.
- Le capital de l'entreprise représente l'apport d'argent fait par les actionnaires ; il n'a pas de lien direct avec la rentabilité de celle-ci, mais reste un bon indicateur de sa taille.
- Le chiffre d'affaires d'une société représente le total des factures qui ont été émises par elle au cours d'une année ; il n'est là encore représentatif que de sa taille et absolument pas de sa rentabilité.
- Le résultat d'une entreprise est attaché à la période qui l'a vue naître ; une entreprise peut faire des résultats positifs une année, mais constater malgré tout un résultat global depuis sa création négatif.
- Inversement, une entreprise peut faire des pertes une année mais avoir accumulé suffisamment de bénéfices précédemment pour rester globalement positive.
- La valeur d'une entreprise (hors évaluation du fonds de commerce) est représentée par ses capitaux propres.

Si vous ne deviez retenir que ceci sur la comptabilité générale

La comptabilité générale a pour mission de donner une image fidèle et sincère du patrimoine financier d'une entreprise; elle est régie par des règles strictes et précises.

Elle fonctionne avec une série de comptes qui fonctionnent individuellement comme autant de balances à deux plateaux qui «penchent» du côté le plus lourd.

Toute écriture en comptabilité générale est composée a minima de deux montants égaux et opposés.

Les comptes se classent en deux grandes familles de comptes selon leur signification : le bilan et le compte de résultat.

Le **bilan** représente la situation (photo) du **patrimoine financier** de l'entreprise (*ce qu'elle possède et ce qu'elle doit*) **à une certaine date**, appelée la date d'arrêté des comptes ou de fin d'exercice.

1. Les principaux postes de biens de l'entreprise (ce qu'elle possède) sont :
   Les immobilisations, biens définitivement possédés par l'entreprise pour assurer son activité : usines, machines, véhicules, participations, brevets…
   Les stocks, biens temporairement possédés par l'entreprise et destinés à la transformation et à la revente.
   Les créances à court terme représentées essentiellement par l'argent dû par les clients.
   Enfin la trésorerie qui regroupe l'ensemble des valeurs monétaires disponibles.
2. Les principaux postes de dettes de l'entreprise (ce qu'elle doit) sont :
   Le capital, qui représente l'argent que les actionnaires ont confié à l'entreprise pour son financement.
   Le résultat, qui représente la quote-part de la rentabilité (résultat) dégagée par l'entreprise au cours de son exploitation, non prélevée par le Fisc (IS) et les Actionnaires (dividendes), et laissée à sa disposition par les actionnaires. Il rétablit l'équilibre entre les biens et les dettes.
   Capital et résultat regroupés forment les Capitaux propres, valeur comptable de l'entreprise.
   Les sommes dues au titre des emprunts à long terme.
   Les dettes à court terme, essentiellement aux fournisseurs, à l'État et aux caisses sociales.

<table>
<tr><th colspan="2">Bilan au ...</th></tr>
<tr><td>Biens</td><td>Dettes</td></tr>
<tr><td>Immobilisations</td><td rowspan="2">Capitaux propres (Capital + résultat)</td></tr>
<tr><td>Stocks</td></tr>
<tr><td>Créances à court terme (clients...)</td><td>Dettes à long terme</td></tr>
<tr><td>Trésorerie</td><td>Dettes à court terme (fournisseurs ...)</td></tr>
<tr><td colspan="2">Total</td></tr>
</table>

Le **compte de résultat** reprend le film des éléments de l'**exploitation d'une entreprise au cours d'une période** appelée exercice (en général l'année civile); les éléments constitutifs de l'exploitation sont les *produits* et les *charges*.

❶ Les principaux produits sont :
Les ventes (aussi appelé Chiffre d'Affaires – CA –).
Les produits financiers générés par les placements financiers de l'entreprise (Sicav, livrets, bons, obligations…).
Les produits exceptionnels, c'est-à-dire non liés à l'activité normale de l'entreprise, parmi lesquels on peut citer les diverses plus-values sur ventes d'éléments de son patrimoine (immeubles, voitures, actions…).

❷ Les principales charges sont :
Les achats de matières et d'énergie.
Les achats de produits finis et semi-finis.
Les prestations extérieures (assurances, honoraires…).
Les frais de personnel (salaires et charges).
Les impôts et taxes.
Les dotations aux amortissements qui sont la conséquence de l'utilisation des biens inscrits au patrimoine de l'entreprise (ses immobilisations).
Les dotations aux provisions qui représentent l'anticipation de la perte probable de la valeur des créances de l'entreprise (immobilisations, stocks et créances clients).
Les charges financières enregistrent les frais financiers engendrés par les emprunts, les découverts et les différents moyens de financement.
Les charges exceptionnelles, pendants des produits exceptionnels, représentent les pertes définitives sur les créances clients et moins-values réalisées à l'occasion de la cession de biens de l'entreprise.

L'excédent des produits sur les charges détermine un résultat positif pour la période appelé « bénéfice de l'exercice » ; inversement, l'excédent des charges sur les produits détermine une « perte de l'exercice ».

Ce résultat, diminué de l'impôt sur les bénéfices des sociétés et des dividendes versés aux actionnaires, vient annuellement renforcer ou diminuer les capitaux propres déjà présents au bilan.
Tous les produits et les charges d'un exercice (en général du 1/1/N au 31/12/N), et uniquement eux, doivent figurer dans la comptabilité de l'exercice.

Les biens de l'entreprise, essentiellement les immobilisations, les stocks et les créances clients, ne doivent jamais être valorisés à une valeur supérieure à leur valeur réelle (de marché pour les immobilisations et les stocks, d'encaissement pour les créances clients), ce qui aurait pour conséquence de majorer faussement le résultat de l'entreprise.

Do it yourself… de comptabilité générale

Voici un exercice pour vous faire pratiquer et vous aider à intégrer les notions de base de la comptabilité :

I. Enregistrez les opérations (en K€) qui suivent sur une grille que je vous laisse élaborer, et déterminez le résultat de la période par la méthode de double détermination :

1. Capital versé en espèces : 50.
2. Investissement dans une machine-outil payée comptant : 25.
3. Salaires du mois : 10.
4. Ventes au comptant : 100.
5. Achats de matières au comptant : 75.
6. Ventes à crédit : 200.
7. Achats de matières à crédit : 150.
8. Encaissement de 50% des ventes de l'opération 6.
9. Emprunt bancaire : 20.
10. Paiement des achats de l'opération 7.
11. Constitution d'un stock de marchandises de 100 financé par un crédit fournisseur.
12. Amortissement de la machine : 5.
13. Remboursement de l'emprunt : 2 d'intérêt, 1 de capital.
14. Dotation aux provisions pour dépréciation des créances clients : 10.

II. Présentez le bilan définitif de fin de période en considérant les deux écritures complémentaires ci-dessous :

1. Paiement de dividendes aux actionnaires : 3.
2. Impôt sur les sociétés : 10, ces deux dernières écritures étant payées comptant.

La solution se trouve page suivante.

Do it yourself… de comptabilité générale : la solution

Enregistrement des opérations

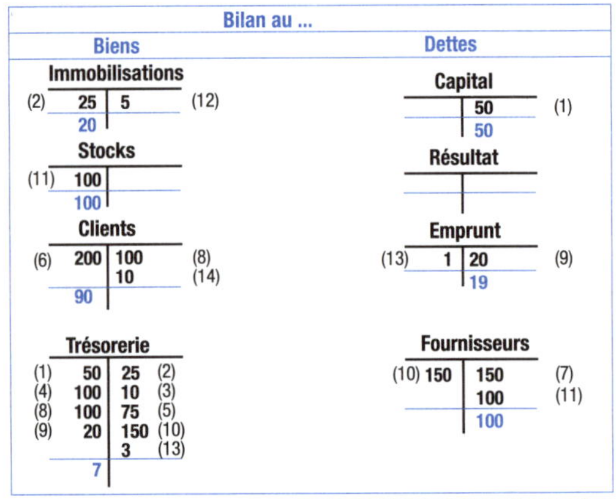

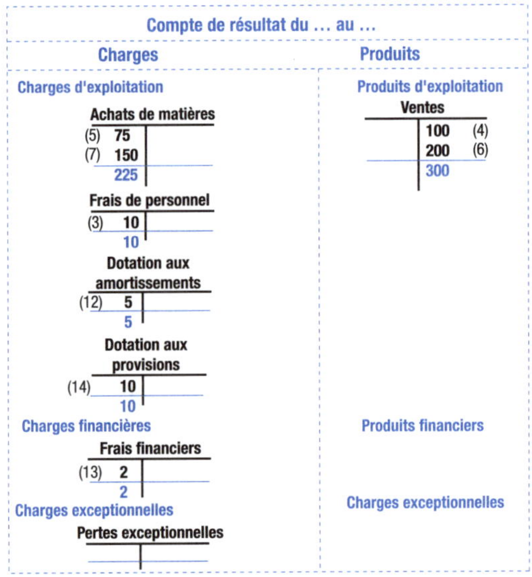

Détermination du résultat :

- Biens – dettes = 20 + 100 + 90 + 7 – 50 – 19 – 100 = + 48 (bénéfice)
- Produits – charges = 300 – 225 – 10 – 5 – 10 – 2 = + 48 (bénéfice également, une chance…).

Bilan après IS et dividendes :

Biens		Dettes	
Immobilisations	20	Capitaux propres	50+48-13=85
Stocks	100		
Créances CT	90	Dettes LT	19
Trésorerie	7-13=-6	Fournisseurs	100
Total	204	Total	204

La trésorerie est à découvert ; les actionnaires n'auraient pas dû prélever de dividendes.

ANALYSE FINANCIÈRE

Avec la comptabilité générale, nous disposons maintenant d'un outil fiable d'enregistrement des événements économiques et financiers d'une entreprise.
Nous en avons décortiqué le fonctionnement de l'intérieur.
Nous allons maintenant l'analyser de l'extérieur, comme le feraient un financier, un banquier, un actionnaire ou un investisseur.
Nous découvrirons ainsi les règles fondamentales de l'analyse financière, tant au plan du bilan qu'à celui du compte de résultat.
Nous les expérimenterons enfin sur deux cas réels d'entreprises.
Comme d'habitude, synthèses et exercices termineront ce voyage au pays de la finance.

L'étude du bilan

Le bilan est un des outils privilégiés de l'observateur financier : il synthétise en effet de manière particulièrement efficace le patrimoine de l'entreprise avec ses évolutions.
Nous allons d'abord dans ce chapitre traiter de questions de terminologie.
Nous aborderons ensuite l'exposé des règles d'équilibre de financement.

Emplois et ressources

Reprenons le bilan de notre société fin N :

Bilan au 31/12/N			
Biens		**Dettes**	
Immobilisations	**50**	**Capitaux propres**	**54**
Stocks	**10**		
Créances CT	**20**	**Dettes LT**	**20**
Trésorerie	**14**	**Dettes CT**	**20**
Total	**94**	**Total**	**94**

RESSOURCES ET EMPLOIS

Les ressources représentent la façon dont l'entreprise se procure des moyens financiers. Les emplois, eux, constituent les utilisations qu'elle fait de ses ressources. Il ne peut y avoir de ressource sans emploi (pas plus qu'il n'y a d'emploi sans ressource) : les emplois égalent nécessairement les ressources et réciproquement.

Puisque nous parlons dorénavant de finances, attachons-nous à une nouvelle terminologie :
Remplaçons Biens par *Emplois* (financiers) et Dettes par *Ressources* (financières).

Dans notre exemple :

1. L'entreprise a **dégagé des ressources** de 94, provenant :
   a. des actionnaires (capital) pour 50,
   b. des banquiers (dettes LT) pour 20,
   c. des crédits obtenus des fournisseurs pour 20,
   d. et enfin de sa propre exploitation (résultat) pour 4.

2. Elle les a **utilisés aux emplois** suivants :
   a. des immobilisations de 50,
   b. des stocks de 10,

c. des clients de 20,
d. laissant en trésorerie 14.

Si elle avait pu trouver des clients qui la payent comptant, elle n'aurait plus de poste «clients», et l'argent correspondant serait en «trésorerie». Son bilan se présenterait alors comme suit (cas 1) :

Bilan au 31/12/N (cas 1)				
Emplois			**Ressources**	
Immobilisations		50	Capitaux propres	54
Stocks		10		
Créances CT	-20	0	Dettes LT	20
Trésorerie	+20	34	Dettes CT	20
Total		94	Total	94

VASES COMMUNICANTS

Nous retrouvons ici le principe des vases communicants : nous observons un reclassement des emplois entre eux sans en modifier le total; l'équilibre est donc toujours respecté.

Si maintenant elle devait régler en plus la moitié de ses dettes «Fournisseurs», elle pourrait utiliser l'argent qu'elle a en trésorerie; son bilan deviendrait alors (cas 2) :

Bilan au 31/12/N (cas 2)					
Emplois			**Ressources**		
Immobilisations		50	Capitaux propres		54
Stocks		10			
Créances CT		0	Dettes LT		20
Trésorerie	-10	24	Dettes CT	-10	10
Total		84	Total		84

Remarquons cette fois-ci qu'emplois et ressources ont tous les deux diminué de 10.
On dira dans ce cas qu'une diminution de ressources a entraîné la diminution équivalente d'un emploi.
L'équilibre est toujours respecté.

Elle aurait également pu rembourser cette somme en contractant un nouvel emprunt auprès de sa banque. Son bilan se serait alors présenté comme suit (cas 3) :

Bilan au 31/12/N (cas 3)				
Emplois		**Ressources**		
Immobilisations	50	Capitaux propres		54
Stocks	10			
Créances CT	0	Dettes LT	+10	30
Trésorerie	34	Dettes CT	-10	10
Total	94	Total		94

Il s'agit, comme pour le cas 1, d'un simple reclassement, mais cette fois-ci au sein des ressources : une ressource disparaît, une autre apparaît.
L'équilibre est bien sûr toujours respecté.

Dans tous les cas, le total des emplois est égal au total des ressources.

1. Dans le cas 1, la diminution d'un emploi (client) permet un nouvel emploi (trésorerie).
2. Dans le cas 2, la diminution d'un emploi (trésorerie) permet la diminution d'une ressource (fournisseur).
3. Dans le cas 3, l'augmentation d'une ressource (dettes LT) permet la diminution d'une autre ressource (fournisseur).

Pour aller encore plus loin et pour généraliser, nous pouvons dire :

- Un emploi peut être financé par :
  une nouvelle ressource (cas non illustré),
  une diminution d'un autre emploi (cas 1).
- Une diminution de ressource peut être rendue possible par :
  une augmentation d'une autre ressource (cas 3),
  une diminution d'un autre emploi (cas 2).

EXERCICE 9 (solution page 161)

Si vous avez bien compris ce qui précède, vous devriez être capable de passer avec brio le petit QCM que voici (de 0 à 3 réponses possibles par question) :

1. Rembourser un emprunt est rendu possible par :
   a. l'achat d'une nouvelle immobilisation,
   b. l'encaissement de créances clients,
   c. le paiement accéléré des dettes aux fournisseurs.

2. Une augmentation de capital permet :
   a. d'augmenter son poste trésorerie,
   b. d'investir,
   c. le paiement accéléré des dettes aux fournisseurs.

3. Un investissement est rendu possible par :
   a. l'augmentation des créances clients,
   b. l'augmentation des liquidités de trésorerie,
   c. un remboursement d'emprunt.

4. L'encaissement des créances clients permet de :
   a. augmenter ses stocks,
   b. rembourser une partie de ses emprunts à LT,
   c. diminuer ses liquidités de trésorerie.

Toujours à titre d'exemple, le fait pour une entreprise de générer du résultat (augmentation des ressources) peut permettre :
1. d'investir,
2. de rembourser une partie de sa dette LT (cas 3),
3. de payer ses fournisseurs (cas 3 également).

EXERCICE 10 (solution page 161)

Pour bien vous convaincre de l'aspect extrêmement mécanique de ce principe des vases communicants, je vais vous demander enfin de compléter ce tableau à double entrée en cochant les cases possibles.

Par exemple, une augmentation de ressource peut financer une augmentation d'emploi :

		Emploi		Ressource	
		+	-	+	-
Emploi	+			x	
	-				
Ressource	+				
	-				

PRINCIPE DES VASES COMMUNICANTS À RETENIR

Dans un bilan, emplois de financement (créances) et ressources de financement (dettes) s'équilibrent.
Tout emploi nécessite une ressource, et réciproquement.

Long terme, court terme et disponible

Reprenons le bilan de notre entreprise « Aux bêtises de Cambrai ».

Bilan au 31/12/N			
Emplois		Ressources	
Immobilisations	50	Capitaux propres	54
Stocks	10		
Créances CT	20	Dettes LT	20
Trésorerie	14	Dettes CT	20
Total	94	Total	94

FINANCES ET DURÉE

Classiquement, les données financières se classent en :
1. long terme (supérieur à 1 an),
2. court terme (environ 3 mois),
3. disponible (immédiat).

Le financier aura tendance à marier les éléments de la même famille :
1. les ressources à long terme vont financer les emplois à long terme,
2. les ressources à court terme vont financer les emplois à court terme,
3. les ressources disponibles vont financer les emplois disponibles.

Nous en reparlerons bientôt.

EXERCICE 11 (solution page 162)

Munis de deux stylos, noir et bleu, vous allez réfléchir sur les notions de long terme, de court terme et de disponible :

1. Avec votre stylo bleu, vous allez souligner les éléments du bilan qui vous semblent relever du long terme, c'est-à-dire qui figurent dans le patrimoine de notre entreprise pour des durées de l'ordre de l'année ou plus.
2. En noir, vous allez souligner les éléments relevant du court terme, de l'ordre de quelques mois.
3. Resteront intacts les éléments qui vous semblent être du domaine de l'immédiat.

Ce pourrait être votre cas…

FINANCEMENT DU CYCLE D'EXPLOITATION

Nous abordons ici très succinctement la question du financement du cycle d'exploitation.
Nous y reviendrons plus en détail ultérieurement.

Je voudrais maintenant, et pour préparer la suite, vous présenter un petit exercice, qui me concerne de très près.
Bien entendu, pour éviter tout malentendu, les informations trop personnelles seront maquillées…
Mon salaire est de 1000 €/mois.
Malheureusement, mes dépenses sont en moyenne supérieures de 100 €/mois.
De plus, ces dépenses ne sont pas réparties régulièrement ; j'ai des mois « forts » et des « faibles ».
Par conséquent, je finis certains mois en découvert et d'autres en excédent :

	J	F	M	A	M	J	J	A	S	O	N	D	TOT
Salaires	1,0	1,0	1,0	1,0	1,0	1,0	1,0	1,0	1,0	1,0	1,0	1,0	12,0
Dépenses	1,1	1,1	1,3	1,1	0,9	0,9	1,1	1,1	1,2	0,9	1,2	1,3	13,2
Solde banque fin de mois	-0,1	-0,2	-0,5	-0,6	-0,5	-0,4	-0,5	-0,6	-0,8	-0,7	-0,9	-1,2	-1,2

Je peux affirmer que mon budget d'exploitation est *globalement* déficitaire, et que ses *variations mensuelles* aggravent mes difficultés de trésorerie.
Pour résoudre ces difficultés, il me suffirait de pouvoir déposer sur mon compte en banque une somme suffisante pour couvrir disons les 3/4 de mes découverts, à savoir 900 €.
Ainsi je ne serais en découvert qu'en fin d'année :

	J	F	M	A	M	J	J	A	S	O	N	D	TOT
Dépôt initial	0,9												0,9
Salaires	1,0	1,0	1,0	1,0	1,0	1,0	1,0	1,0	1,0	1,0	1,0	1,0	12,0
Dépenses	1,1	1,1	1,3	1,1	0,9	0,9	1,1	1,1	1,2	0,9	1,2	1,3	13,2
Solde banque fin de mois	0,8	0,7	0,4	0,3	0,4	0,5	0,4	0,3	0,1	0,2	0,0	-0,3	-0,3

Je peux représenter graphiquement cet exemple. En bleu, sans l'apport de 900 €. En noir, avec. Simple, n'est-ce pas ?

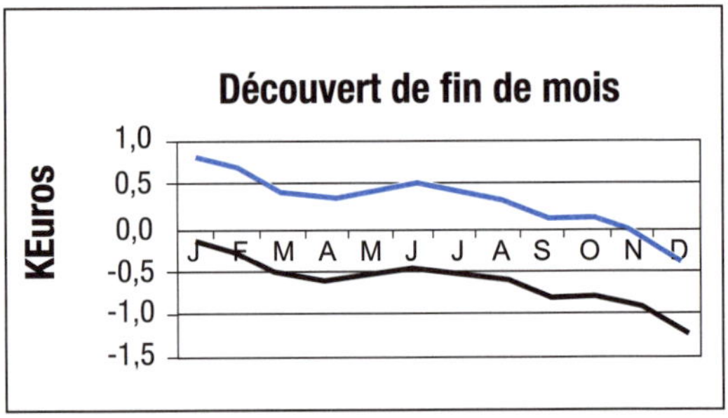

Je peux alors affirmer que mon apport initial en capital a permis de rattraper en partie mon déficit d'exploitation et ses variations mensuelles.

Le Puzzle financier : Fond de Roulement, Besoin en Fond de Roulement et Trésorerie

Voici ce que devient notre bilan :

Bilan au 31/12/N			
Emplois		**Ressources**	
Immobilisations	50	Capitaux propres	54
Stocks	10		
Créances CT	20	Dettes LT	20
Trésorerie	14	Dettes CT	20
Total	94	Total	94

Première pièce du puzzle, le Fond de Roulement (« FR »)

Observons notre famille bleu, qui représente donc le patrimoine financier de notre entreprise à long terme.

Comme vous l'avez compris, l'analyse financière est un jeu d'analyse des emplois et des ressources.

Ici, en l'occurrence, elle s'intéresse au différentiel entre différentes familles d'emplois et de ressources.

Pour la famille bleu, ce différentiel se calcule comme suit :

+ Ressources à long terme :
  - Capitaux propres
  - Dettes à long terme

- Emplois à long terme :
  - Immobilisations

= ?

Ce différentiel porte le nom, un peu barbare et pas très parlant, que vous connaissez peut-être de « **Fond de Roulement** », en abrégé « FR ».

Dans notre exemple, il est de 54 (Capitaux propres) + 20 (Dettes LT) - 50 (Immobilisations) = 24 K€.

LE RAISONNEMENT DU FINANCIER

Le financier raisonne « emplois - ressources » et « long terme - court terme ». Et il affine son analyse en créant des couples « ressources à long terme - emplois à long terme » et « emplois à court terme - ressources à court terme ». En se posant à chaque fois la question : y-a-t-il suffisamment de ressources pour financer les emplois ? Et, dans le cas contraire, comment donc arriver à équilibrer le bilan à moindre coût ?

> Le FR est normalement une RESSOURCE de financement, les ressources à long terme excédant usuellement les emplois à long terme.

Mais que représente-t-il ?

Il y a plusieurs façon de l'exprimer.

1. C'est tout d'abord l'excédent des ressources stables (= à long terme) sur les emplois stables (= à long terme).
2. C'est aussi la part des ressources stables qui, puisque les emplois stables sont déjà financés, peuvent servir à financer ce qui n'est plus du domaine du long terme, donc du court terme.
3. C'est par conséquent la part des ressources stables disponibles pour financer le court terme, une fois le long terme financé.

Pas encore très clair, peut-être ? Dans le cas présent, ce n'est pas grave, car ces notions sont assez abstraites. Continuons, voulez-vous bien ? Tout s'éclaircira ensuite...

Deuxième pièce du puzzle, le Besoin en Fond de Roulement (« BFR »)

Ce chapitre est un peu comme une recette de cuisine, avec des éléments assez disparates apparemment, dont on n'apprécie pas véritablement ni le goût ni l'utilité mais qui prennent tout leur sens et leur arôme dans l'assemblage final.

Penchons-nous maintenant sur la famille noir, ou plutôt sur le différentiel existant entre nos emplois à court terme et nos ressources à court terme :

+ Emplois à court terme :
  - Stocks
  - Clients

- Ressources à court terme :
  - Fournisseurs

= ?

> Une entreprise possède en général plus de biens CT (stocks et clients) qu'elle n'a de dettes CT (Fournisseurs).
> Il s'agit donc d'un besoin de financement.

Là encore, cette notion porte le nom un peu barbare et pas très significatif (car il prête à confusion) de **Besoin en Fond de Roulement**, en abrégé BFR.

Il est dans notre exemple de 10 (Stocks) + 20 (Clients) – 20 (Fournisseurs) = 10 K€.

Que représente-t-il ?

Il représente le besoin de financement généré par le cycle d'exploitation de l'entreprise, car le cycle d'exploitation d'une entreprise, c'est acheter - produire - stocker - vendre.

Au plan du patrimoine financier, ce cycle d'exploitation impacte en effet les comptes suivants de notre besoin de fond de roulement :

- Quand elle achète et produit, elle induit des achats et des charges d'exploitation qui transiteront par les comptes Fournisseurs.
- Quand elle stocke sa marchandise avant la vente, elle impacte ses comptes de Stocks.
- Enfin les créances générées par les ventes iront aux comptes Clients.

LE BFR PEUT S'EXPRIMER TRÈS SIMPLEMENT

Quand un artisan travaille, et qu'il n'est payé que 2 mois plus tard, il va falloir qu'il avance durant ce laps de temps les sommes nécessaires. Son BFR générera un besoin de financement.

Dernière pièce du puzzle : la Trésorerie

Résumons et lions notre sauce :

1. Le fonds de roulement représente les ressources stables disponibles pour financer le court terme.
2. Le besoin de fonds de roulement représente le besoin de financement à court terme lié à l'exploitation de l'entreprise.
3. Donc le fonds de roulement diminué du besoin en fonds de roulement représente les ressources à long terme qui ne sont employées ni à long terme, ni à court terme.

Cette différence représente donc finalement la trésorerie.
D'où l'égalité fondamentale en matière d'analyse financière :

$$FR - BFR = \text{Trésorerie}$$

Vérification et compléments

Vérifions cette théorie sur notre exemple « Aux bêtises de Cambrai » :

Fond de roulement	**54+20-50**	**24**
-		**-**
Besoin de fond de roulement	**10+20-20**	**10**
=		**=**
Trésorerie		**14**

Le FR représente la part des ressources stables pour financer le cycle d'exploitation (BFR). Le reliquat non utilisé représente la trésorerie de l'entreprise.

Ce qui signifie :

1. Que cette entreprise dispose de 24 K€ de ressources stables (à long terme) pour financer son cycle d'exploitation.
2. Que son cycle d'exploitation génère un besoin de fond de roulement de 10 K€.
3. Que par conséquent son FR « sur-finance » son BFR et qu'elle dispose donc de 14 K€ d'argent disponible en trésorerie.

Nous pouvons maintenant revenir en arrière sur l'exposé que je vous avais infligé sur ma situation financière, page 64 :

❶ Le déficit chronique et variable entre mes revenus et mes dépenses représentait mon BFR.

❷ L'apport initial de 900 € est assimilable à mon FR.

❸ Ma trésorerie en fin de période résultait de mon FR et de mon BFR.

Le Fond de Roulement, « airbag » de la sécurité financière

Je vous présente la société « Le Jouet de Bois ». Cela nous change des bêtises...

Rien n'étant parfait, cette société a de sérieuses préoccupations financières, son activité étant extrêmement saisonnière avec un pic à Noël (pour remplir les petits souliers).

Nous pouvons imaginer son bilan vers le 30/06/N, en plein creux d'activité (en K€) :

En saison creuse, la société a peu de stocks, achète et vend peu.
Par contre, elle a toujours son outil de production (immobilisations) financées par ses capitaux propres et des emprunts.

Bilan au 30/06/N (creux d'activité)			
Emplois		Ressources	
Immobilisations	80	Capitaux propres	60
Stocks	3		
Créances CT	3	Dettes LT	30
Trésorerie	7	Dettes CT	3
Total	93	Total	93

FR	60+30-80	10
BFR	3+3-3	3
Trésorerie	10-3	7

Nous pouvons maintenant imaginer son bilan au 31/12/N, en plein boom !

Bilan au 31/12/N (pleine activité)			
Emplois		**Ressources**	
Immobilisations	80	Capitaux propres	60
Stocks	30		
Créances CT	30	Dettes LT	30
Trésorerie	-20	Dettes CT	30
Total	120	Total	120

FR	60+30-80	10
BFR	30+30-30	30
Trésorerie	10-30	-20

DÉCOUVERT DE TRÉSORERIE !

L'activité a décuplé. L'entreprise stocke, achète et vend 10 fois plus. Par contre, les éléments à long terme ne varient pas.

Le BFR a décuplé sans que le FR augmente. L'entreprise est en découvert de trésorerie.

Nous imaginons aisément que la situation au cours de l'année N + 1 va se normaliser et revenir au bilan au 30/06/N.

Constatation 1 : le BFR a tendance à jouer au « yo-yo » et à suivre l'évolution du volume d'activité.

Constatation 2 : le FR n'a pas cette capacité, et reste stable dans le temps (c'est sa nature).

Constatation 3 : c'est la trésorerie qui encaisse, si l'on peut dire !

Constatations graphiques :

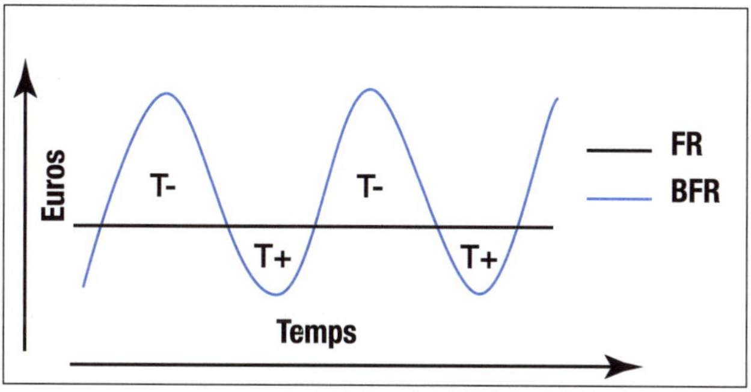

À chaque fois que la courbe bleue passe au-dessus de la noire, le BFR est supérieur au FR et la trésorerie est négative (et positive dans le cas inverse).

Pour éviter cette situation fâcheuse et coûteuse (un découvert coûte très cher et n'est pas viable longtemps), il y a pour l'essentiel deux stratégies :

❶ **Augmenter les ressources stables** de l'entreprise pour « remonter » la droite du FR :

Le FR se décale vers le haut, et seules les pointes du BFR ne sont pas couvertes.
Le découvert de trésorerie est largement résorbé.

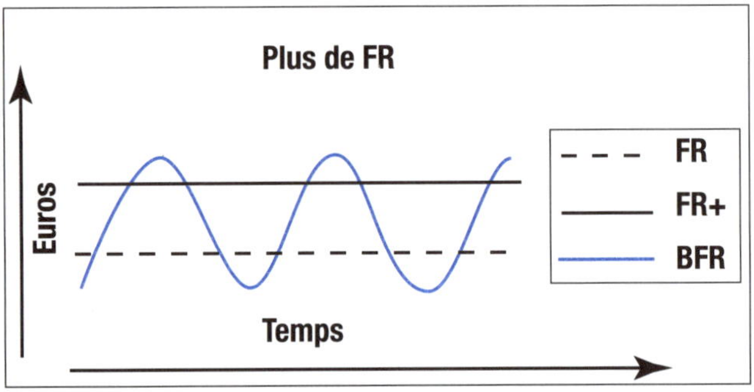

❷ **Réduire les besoins de financement liés à l'exploitation** pour « redescendre » la courbe du BFR :

Le BFR se décale vers le bas, et seules ses pointes émergent.
Le déficit de trésorerie est là encore largement résorbé.

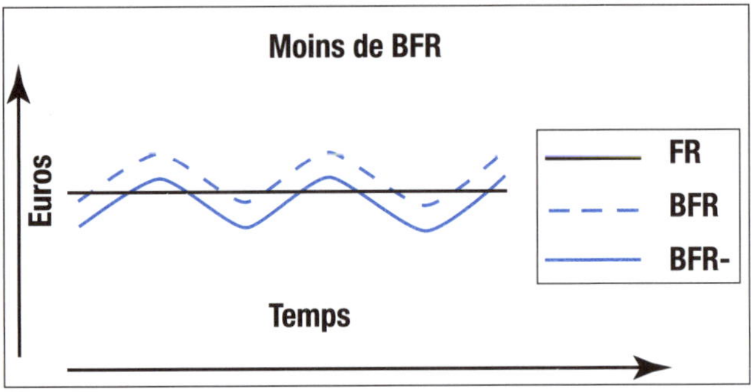

Dans les deux cas, le FR aura joué le rôle d'amortisseur des variations parfois erratiques du BFR.

Le FR a pour vocation d'absorber les variations parfois spectaculaires, souvent sensibles et difficilement prévisibles du BFR.

À vous de jouer, mesdames et messieurs les analystes financiers !

Vous avez maintenant suffisamment de connaissances pour aborder la question suivante.
Le jeu de la finance consiste en fait, vous l'avez compris, à calibrer ses emplois au plus juste par rapport à son secteur d'activité, et ensuite à adapter et trouver les ressources financières suffisantes pour équilibrer son patrimoine.
Si l'équilibre n'est pas trouvé, c'est le découvert bancaire qui encaissera le choc ! Et le choc sera rude, car le découvert est très cher et le banquier n'aime pas tellement le recours à ce mode de financement qui est souvent le prélude à des difficultés bien plus graves…
Imaginez que vous, analyste financier de renom, ayez la visite d'un patron de PME qui se plaint de difficultés chroniques de trésorerie et qui craint que son banquier ne finisse par se fâcher, tout rouge !
Quels conseils avisés pouvez-vous lui donner en la matière et par rapport à tout ce que nous avons vu jusqu'à présent ?

ÉQUILIBRE DE FINANCEMENT

- Le FR représente l'excédent des ressources stables sur les emplois stables.
- Le BFR représente le besoin de financement généré par le cycle d'exploitation de l'entreprise.
- Normalement, le FR finance intégralement le BFR.
- L'excédent constitue le stock disponible en liquidités.

EXERCICE 12 (solution page 162)

Listez le plus concrètement possible les différentes actions, en termes de FR et de BFR, que peut mener une entreprise pour améliorer sa position de trésorerie.

Améliorer ma trésorerie : le hit-parade des possibilités

Nous venons de lister ensemble différentes actions possibles pour améliorer notre position de trésorerie ; il est certain que toutes ces mesures ne sont pas applicables dans les mêmes conditions et avec les mêmes résultats.

Je vous propose donc ci-dessous un tableau récapitulatif des caractéristiques des principales possibilités :

	Poste	Action	Type	Coût	Difficulté	Avantages	Inconvénients
Fonds de roulement	Diminuer les immobilisations	Lease back (cession suivie de location), leasing	CT	%	NA	Rapide, simple et économique	Pas toujours possible techniquement et économiquement
	Augmenter le capital		CT/LT	-	***	Action privilégiant le LT	Risque de perte de contrôle si apport extérieur
	Générer du résultat	Améliorer la rentabilité	LT	-	***	Preuve d'une bonne gestion	
	Augmenter les dettes LT	Emprunter	CT/LT	%%	NA	Augmenter les ressources stables	Perte d'indépendance, risque de refus
Besoin de fonds de roulement	Diminuer les stocks	Accélérer la rotation	CT	-	***	Preuve d'une bonne gestion	Rupture de stock, contraintes techniques et commerciales
	Diminuer les créances CT	Accélérer la rotation	CT	-	***	Preuve d'une bonne gestion	Risque commercial
		Recouvrer les arriérés	CT	-	**	Preuve d'une bonne gestion	-
	Augmenter les dettes CT	Négocier l'augmentation des délais	CT	-	*	Preuve d'une bonne gestion	-
Trésorerie	Améliorer les conditions de découvert de trésorerie	Facilités de trésorerie	CT	%%%	*	Indispensable à négocier avec son banquier !	Preuves de difficultés de financement et de gestion.

Légende : NA : non applicable, - : non, de * à *** : facile à difficile, % à %%% : économique à coûteux.

BFR en euros et en jours

Jusqu'à présent, nous avons exprimé notre besoin de fond de roulement en euros (ou en K€, ou en roupie népalaise – c'est assez peu probable, mais pourquoi pas...).
Mais toujours en unités monétaires.
Mais, au fond, quel est le véritable fait générateur du BFR, qu'est-ce qui est véritablement à l'origine de son existence ?
Il tient en fait son origine dans les délais de stockage, d'encaissement des clients et de règlement aux fournisseurs.
En effet, si nous n'avions pas besoin de stocker, si nous payions immédiatement nos fournisseurs et encaissions immédiatement nos clients, nous n'aurions pas de BFR.
Nous pouvons donc faire le schéma suivant :

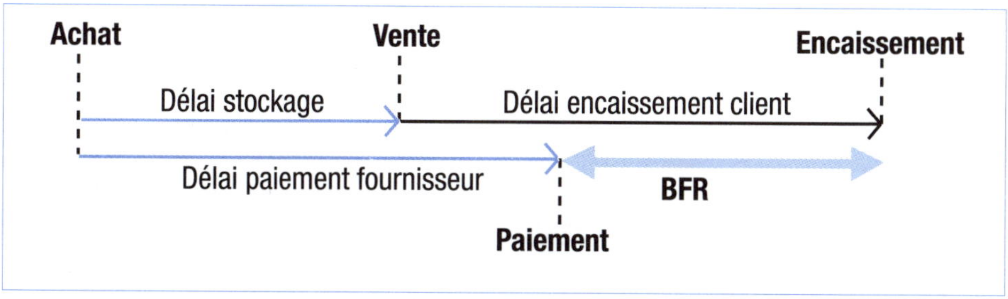

Le BFR peut donc s'exprimer en nombre de jours.
La formule (approximative, mais suffisamment précise pour nous) est la suivante :
BFR jours = (BFR euros/CA période) x nombre de jours de la période.

Ce sont les délais (de stockage, d'encaissement et de paiement) qui génèrent le BFR.

Par exemple, et vous pouvez vérifier le calcul :

BFR	CA (chiffre d'affaires)		BFR
	Valeur	Période	
50 K€	500 K€	annuel	37 jours
50 K€	100 K€	trimestriel	45 jours
50 K€	10 K€	mensuel	150 jours
12 K€	12 K€	annuel	365 jours
12 K€	12 K€	trimestriel	90 jours
12 K€	12 K€	mensuel	30 jours
60 K€	180 K€	trimestriel	30 jours

Dans ce calcul, j'ai utilisé une année de 365 jours, un trimestre de 90, un mois de 30. La règle en matière de finances n'est pas exactement celle-ci : on compte pour simplifier 12 mois de 30 jours chacun, soit une année de 360 jours.

COMMENT COMPARAISON DEVIENT RAISON

En finances, comme ailleurs, on se compare :
- à soi - dans le temps,
- aux autres - dans l'espace.

Encore faut-il comparer ce qui est comparable :
- Je ne peux comparer mon entreprise à ce qu'elle était il y a deux ans si mon CA a doublé !
- De même, je ne peux me comparer à Renault si je ne suis qu'un petit garagiste !

En conséquence, l'analyse financière va être friande d'indicateurs objectifs, qui ne dépendent ni du temps, ni de la taille, mais qui sont seulement le reflet d'une qualité de gestion.
Le BFR exprimé en jours est de ceux-là ; il en existe d'autres que nous verrons ultérieurement.

Cette méthode de calcul du BFR est particulièrement utile, car :
- elle est plus parlante,
- elle permet de comparer entre elles des entreprises de tailles et de secteurs différents, ce qui est particulièrement utile en matière d'analyse financière.

EXERCICE 13 (solution page 163)
Calculez les délais en jours correspondant aux éléments suivants :

Numéro	BFR €	CA	
		€	Période
1	100	1 000	Mensuel
2	100	1 000	Trimestriel
3	100	1 000	Annuel
4	10	100	Mensuel
5	100 000	1 000 000	Mensuel
6	100	4 000	Annuel

L'étude du bilan : le bilan !

Emplois et ressources

Bilan au 31/12/ N			
Emplois		**Ressources**	
Immobilisations	50	Capitaux propres	54
Stocks	10		
Créances CT	20	Dettes LT	20
Trésorerie	14	Dettes CT	20
Total	94	Total	94

LES RESSOURCES SONT CONSTITUÉES ESSENTIELLEMENT DE :

- capitaux propres (capital et résultat), ressources apportées par les actionnaires et générés par l'exploitation de l'entreprise,
- dettes à long terme (emprunts bancaires...),
- dettes à court terme (fournisseurs...).

Les *ressources* représentent les moyens de financement de l'entreprise ; elle les utilise à des *emplois*.
Les emplois représentent les *biens* de l'entreprise, ses créances ; les ressources représentent ses *dettes*.
Les ressources et les emplois sont forcément équilibrés sur un bilan. C'est le principe des vases communicants pour maintenir l'équilibre général :

- Toute augmentation de ressource entraîne nécessairement soit une diminution d'une autre ressource, soit une augmentation d'emploi (et inversement).
- Toute augmentation d'emploi nécessite soit une diminution d'un autre emploi, soit l'augmentation d'une ressource (et inversement toujours).

PRINCIPAUX EMPLOIS

Les emplois sont constitués des divers biens de l'entreprise : immobilisations, stocks, créances CT (clients...), et trésorerie.

Par exemple :

- Encaisser de l'argent de la part d'un client (diminution d'un emploi) permet soit d'augmenter la trésorerie (augmentation d'un autre emploi), soit de payer un fournisseur (diminution d'une ressource).
- S'endetter auprès d'un banquier (augmentation de ressources) permet soit d'investir (augmentation d'un emploi) soit de rétablir l'équilibre de la trésorerie (augmentation d'un autre emploi).
- Rembourser un emprunt (diminution d'une ressource) nécessite par exemple de prendre de l'argent en trésorerie (diminution d'un emploi) ; on peut aussi imaginer de retarder un paiement à un fournisseur (augmentation d'une ressource).

LE FOND DE ROULEMENT, AIRBAG DE LA FINANCE

Le FR a pour vocation de financer les évolutions inévitables du BFR dans le temps, comme une sorte d'airbag ou d'amortisseur.

FR, BFR et Trésorerie

1. Le FR (fond de roulement) se calcule en faisant :

Capitaux propres + dettes LT – immobilisations.

Il représente la part des ressources à LT disponibles pour financer le CT.

2. Le BFR se calcule en faisant :

Stocks + Clients – Fournisseurs.

Il représente le besoin de financement généré par le cycle d'exploitation de l'entreprise (j'achète, je produis, je stocke, je vends).

3. Le FR finance le BFR, le solde étant la trésorerie :

FR – BFR = Trésorerie

4. Le BFR peut aisément s'exprimer en jours de CA par la formule :

BFRj = (BFR€/CA de la période) × nombre de jours de la période

Équilibre de financement

L'équilibre est trouvé quand le FR est suffisant pour financer totalement le BFR, avec une petite marge de sécurité pour pallier les aléas de la vie économique.
Si cet équilibre n'est pas respecté, l'entreprise sera en découvert de trésorerie.

Pour retrouver cet équilibre, les principales actions seront :

- Augmenter les ressources stables (augmentation de capital et recherche de nouveaux partenaires bancaires).
- Mieux gérer ses stocks (accélérer leur rotation en évitant les ruptures).
- Mieux gérer ses comptes clients (encaissement des impayés, renégociation des délais).
- Mieux gérer ses comptes fournisseurs (renégociation des délais).

L'étude du compte de résultat

Dans ce chapitre, les soldes tiendront la vedette. Nous décortiquerons en effet le résultat comptable en différents « sous-résultats » qui, chacun à leur manière, nous éclaireront dans notre démarche analytique. Nous aborderons en plus le point délicat du financement de la croissance rapide pour une entreprise.

Marge Brute d'Autofinancement (MBA)

La définition

De quoi s'agit-il ? Rien à voir avec le célèbre diplôme américain, c'est sûr !

Avant de le savoir, un peu de suspens, je voudrais, une fois de plus, vous faire réfléchir au travers d'un exercice.

Vous avez remarqué qu'entre le compte de résultat et le bilan existe un décalage entre le moment où :

- les charges sont payées et
- les produits sont encaissés.

Ce décalage provient tout simplement des délais de règlement et d'encaissement.
Il semblerait donc que toutes les charges et tous les produits finissent, un jour ou l'autre, par « passer » en trésorerie.
Cependant, il existe des charges et des produits qui ne « passent » jamais en trésorerie. Lesquels ?

COMPTE DE RÉSULTAT ET BILAN

- Le compte de résultat, film des opérations économiques survenues pendant une période, contient les produits et les charges de cette période.
- L'excédent des produits sur les charges (bénéfices) ou des charges sur les produits (perte) vient chaque année renforcer (bénéfice) ou diminuer (perte) les capitaux propres de cette entreprise à la fin de la période considérée.
- Le compte de résultat d'un exercice justifie les modifications du patrimoine de l'entreprise entre le début et la fin de cet exercice.

EXERCICE 14 (solution page 164)

Parmi les produits et les charges du compte de résultat ci-dessous, barrez les éléments qui «passeront» un jour ou l'autre en trésorerie; il vous restera ainsi ceux qui n'y passeront jamais :

Compte de résultat du 01/01/N au 31/12/N

Produit d'exploitation (1)	Ventes	182
	Achats de matières	50
	Variation de stock	20
	Locations	15
	Impôts et taxes	10
	Frais de personnel	60
	Dotation aux amortissements	10
	Dotations aux provisions	7
Charges d'exploitation	Total (2)	172
Résultat d'exploitation (3=1-2)		**10**
Produits financiers (4)		
Charges financières (5)		3
Résultat financier (6=4-5)		-3
Résultat courant (7=3+6)		**7**
Produits exceptionnels (8)		
Charges exceptionnelles (9)		3
Résultat exceptionnel (10=8-9)		-3
Résultat net (11=7+10=3+6+10)		**4**

PRÉSENTATION EN LISTE

Ce compte de résultat ne se présente plus en deux colonnes (une pour les charges, une pour les produits), mais de manière déductive (les charges venant progressivement se déduire des produits jusqu'au résultat net). On appelle cette présentation «en liste»

Que vous ayez consulté ou non le corrigé, nous en sommes rendus à la constatation suivante :

Dans le compte de résultat, seules les dotations (aux amortissement et aux provisions) ne sont jamais décaissables. Tous les autres charges et produits sont respectivement décaissables et encaissables, à terme plus ou moins immédiat.

J'entends ici le chœur des lecteurs murmurer : «Et alors, où voulez-vous en venir, s'il vous plaît?»

À ceci : de même que nous avons su déterminer le résultat comptable, différence entre tous les produits et toutes les charges de l'entreprise, nous devrions pouvoir déterminer le «résultat de trésorerie», différence entre les produits encaissables et les charges décaissables.

Ce «résultat de trésorerie», eh bien, mesdames et messieurs, c'est la Marge Brute d'Autofinancement, MBA pour les intimes.

MBA

La MBA se définit comme la différence entre les produits encaissables et les charges décaissables.

Comment la calculer ?

Nous pouvons la calculer (*méthode soustractive*) comme nous calculons un résultat comptable, en faisant la différence entre les produits encaissables et les charges décaissables.

Dans notre exemple, cela donne :

$$182 - 50 - 20 - 15 - 10 - 60 - 3 - 3 = 21$$

Autre méthode, beaucoup plus rapide (*méthode additive*) : partir de notre résultat comptable (duquel sont déduites TOUTES les charges, y compris les non-décaissables) et y ajouter ces charges non décaissables, déjà déduites.

Dans notre exemple, cela donne :

4 + 10 + 7 = 21 aussi !

Le premier calcul est un calcul soustractif, qui arrive « par le haut », alors que le second est additif, « par le bas ».

Que représente-t-elle ?

Elle représente la « masse d'argent » générée durant la période considérée.

Prenons un exemple :
Supposons qu'en année N, mon entreprise ait constaté des produits encaissables de 1000 et des charges décaissables de 800.
Il est certain que les 1000 – 800 = 200 viendront renforcer ma situation financière rapidement, au pire au début de l'année N + 1.
Cette capacité à « générer de l'argent », cela s'appelle de l'autofinancement.
D'où notre MBA.

MARGE BRUTE D'AUTOFINANCEMENT (MBA)

- La MBA se calcule en additionnant le résultat comptable avec les dotations aux amortissements et aux provisions.
- La MBA représente la « masse d'argent » générée pendant une période, masse d'argent qui servira à l'entreprise pour s'autofinancer sans « chercher de l'argent » ailleurs.
- La MBA est une ressource qui permet soit de diminuer des ressources existantes, soit de financer de nouveaux emplois.

À quoi l'utiliser ?

La MBA, ressource de financement, va venir consolider les ressources de l'entreprise.
Ces ressources pourront être utilisées, comme toute ressource :

- à diminuer d'autres ressources (rembourser des emprunts par exemple),
- à augmenter des emplois (investir, stocker, accorder des délais commerciaux, combler un découvert de trésorerie, faire des placements).

Ceci ne vous paraît pas forcément très clair, et je le comprends.
Le chapitre suivant, traitant de la problématique de la croissance, devrait lever vos interrogations.

La problématique de la croissance

Ce bilan n'est pas véritablement sain.
Si le fonds de roulement est égal à 5 (60 + 10 - 65), ce qui n'est pas mauvais dans l'absolu, il n'arrive pas à financer le BFR de 10 (15 + 20 - 25).
D'où un découvert de 5.

Imaginons une entreprise qui présente le 31/12/N le bilan suivant (en K€) :

Bilan au 31/12/N			
Emplois		**Ressources**	
Immobilisations	**65**	**Capitaux propres**	**60**
Stocks	**15**	**Dettes LT**	**10**
Créances CT	**20**	**Dettes CT**	**25**
Trésorerie	**-5**		
Total	**95**	**Total**	**95**

Cette entreprise prévoit par ailleurs pour N + 1 une augmentation de son CA de 25 % (c'est un secteur en plein boom, le secteur de l'édition de livres sur la gestion pour débutants !). Pour pouvoir réaliser cet objectif, elle devra investir pour un montant de 10.

Pouvons-nous simuler son bilan à la fin de l'année N + 1 avec ces éléments ?

1. Le poste immobilisations va monter à 75 (65 + 10).
2. Les trois postes du BFR vont augmenter corrélativement de 25 %, augmentation de l'activité. Le BFR va donc augmenter de 25 %.

Toutes choses étant égales par ailleurs, le bilan présenterait au 31/12/N + 1 l'apparence suivante :

CROISSANCE ET BFR

Contrairement aux idées reçues, la croissance d'une entreprise a généralement un impact négatif sur la trésorerie de l'entreprise, surtout si celle-ci a un BFR (besoin de financement lié à son exploitation) déséquilibré.

Bilan au 31/12/N			
Emplois		**Ressources**	
Immobilisations	**75**	**Capitaux propres**	**60**
Stocks	**19**	**Dettes LT**	**10**
Créances CT	**25**	**Dettes CT**	**31**
Trésorerie	**-18**		
Total	**101**	**Total**	**101**

Vous observez que le découvert de trésorerie s'est amplifié par la dégradation de la structure de notre bilan :

Diminution du FR (investissement de 10)	**-10**
- Augmentation du BFR (+25%)	**-3**
= Dégradation de la trésorerie	**-13**

La situation ne s'est donc guère améliorée, et les fruits de la croissance sont légèrement amers…

Pas entièrement! Nous avons en effet oublié de prendre en compte dans ce bilan la MBA qui sera générée en N + 1.
Pour la calculer, voici le compte de résultat prévisionnel N + 1 :

Produits d'exploitation	**Ventes**	**(1)**	**1000**
Charges d'exploitation	**Dotations aux amortissements**	**(2)**	**10**
	Dotations aux provisions	**(3)**	**5**
	Autres	**(4)**	**950**
	Total	**(5)=(2+3+4)**	**965**
Charges financières		**(6)**	**5**
Charges exceptionnelles		**(7)**	**25**
Résultat		**(1-5-6-7)**	**5**

EXERCICE 15 (solution page 164)

Calculez la MBA prévisionnelle N + 1 par les deux méthodes, soustractive et additive.

Cette MBA de 20 va devenir une ressource de financement au 31/12/N + 1; d'où notre bilan prévisionnel modifié et définitif cette fois-ci :

Bilan au 31/12/N+1			
Emplois		**Ressources**	
Immobilisations	**75**	**Capitaux propres**	**60+20=80**
Stocks	**19**	**Dettes LT**	**10**
Créances CT	**25**	**Dettes CT**	**31**
Trésorerie	**-18+20=2**		
Total	**121**	**Total**	**121**

La situation financière est maintenant équilibrée : le FR de 80 + 10 – 75 = 15 finance intégralement le BFR de 19 + 25 – 31 = 13, et permet de conserver 2 en trésorerie.

EXERCICE 16 (solution page 164)

Si cette entreprise n'avait pas généré de MBA, comment aurait-elle pu financer sa croissance?
Enfin, pour terminer cette évocation de la MBA, pouvez-vous m'aider à faire la liste des utilisations possibles de la MBA?

AUTOFINANCEMENT

La MBA constituée au cours d'un exercice devient une ressource à la fin de cet exercice.
Cette ressource permet de financer la croissance de l'entreprise.
La MBA est un moteur essentiel de la croissance d'une entreprise.
Ne pas générer de MBA revient pour l'entreprise :

- soit à s'interdire de grandir,
- soit à grandir en perdant de son indépendance financière.

La MBA est un indicateur essentiel de la santé financière de l'entreprise.
Une entreprise qui ne génère pas de MBA est une entreprise morte.

EXERCICE 17 (solution page 164)
Quelles sont les utilisations possibles (en terme d'emplois et/ou de ressources) de la MBA ?

Soldes intermédiaires de gestion (SIG)

Qu'est-ce qu'un solde ?

Nous avons déjà extrait de notre compte de résultat trois niveaux de résultat :

- D'exploitation, qui prend en compte les éléments issus de l'activité normale de l'entreprise,
- Courant, qui reprend le résultat d'exploitation pour y intégrer l'impact des éléments financiers,
- Net Comptable, qui intègre en plus les éléments exceptionnels et qui représente le résultat réel.

SOLDES INTERMÉDIAIRES DE GESTION : SIG

Ces 4 éléments d'analyse sont appelés soldes (car ils sont le résultat d'une différence) et intermédiaires (car tous les éléments n'y sont pas comptés).
D'où leur nom de soldes intermédiaires de gestion, SIG.

Nous avons également abordé la notion de Marge Brute d'Autofinancement MBA qui représente, nous nous en souvenons, « l'argent » généré par l'entreprise pendant l'exercice, et qui sera utilisée à rémunérer les actionnaires, à rembourser les emprunts préalablement contractés, à investir et à financer la croissance pour éviter la perte d'indépendance financière.

Premier autre SIG utile : la Valeur Ajoutée (VA)

La VA se calcule en faisant :

Chiffre d'affaires (ventes)
– Achats et charges externes

= Valeur Ajoutée

VALEUR AJOUTÉE, RICHESSE CRÉÉE PAR L'ENTREPRISE

De cette richesse, elle pourra faire différentes utilisations : gratifier son personnel, payer son banquier, générer de l'autofinancement.

Par « achats et charges externes », il faut entendre achats et charges d'exploitation pour lesquels l'entreprise reçoit et paye une facture. Parmi les charges d'exploitation, sont donc notamment exclus les salaires et charges, les dotations aux amortissements et provisions, les impôts et taxes.
Elle représente *in fine* la richesse facturée par l'entreprise (le CA) diminuée de la richesse rétrocédée à l'extérieur de l'entreprise (les achats et charges externes).
La valeur ajoutée est donc la richesse créée par l'entreprise seule.
C'est donc un indicateur tout à fait fondamental de la santé de l'entreprise.
Il est souvent difficile à calculer, mais est très souvent mentionné dans les bilans financiers des entreprises.

EXERCICE 18 (solution page 164)
Pouvez-vous citer un type d'entreprise ou de profession qui réalise une VA presque égale à son CA (c'est-à-dire qui n'a presque pas de charges externes) ?

Un deuxième SIG utile : la marge

Elle se définit comme :

CA (quantités vendues valorisées au prix de vente)
- coût des ventes (quantités vendues valorisées au coût de revient)
= marge

Cet indicateur est très important pour toute société, en particulier industrielle ou commerciale.

Les ratios

Einstein a découvert la théorie de la relativité. Ne me demandez pas de vous en parler !

En finances aussi, tout est relatif :

- On ne peut décemment pas comparer deux entreprises aussi différentes que William Saurin et la Boucherie Sanzot, que Renault et l'agence France Presse !
- De plus, très souvent, la même entreprise peut difficilement se comparer avec elle-même si elle a régulièrement flirté avec des croissances à deux chiffres (c'est-à-dire, pour les non-initiés, supérieurs à 10 %). Comment comparer le Microsoft d'il y a vingt ans avec celui d'aujourd'hui ?

Solution : les ratios !

Un ratio est le rapport de deux valeurs entre elles ; son intérêt est de permettre des analyses :

- dans le temps pour une même entreprise (entre deux années consécutives ou non, entre les mêmes mois de différentes années…),
- dans l'espace (entre deux entreprises comparables d'un même secteur économique).

En dehors des ratios spécifiques à chaque secteur économique et que votre imagination fertile saura, je le sais, créer, il en existe de classiques, toujours indémodables, toujours utiles, toujours « signifiants », à promener avec vous dans votre escarcelle de parfait financier.

LA CENTRALE DES BILANS

Pour les fanas de ratios, je signale l'existence de la Centrale des bilans de la Banque de France qui reprend, pour les entreprises soumises à l'obligation de publication de leurs comptes annuels, de nombreux indicateurs choisis.
Cette mine d'informations vous permettra, dans votre secteur, de situer les performances de votre entreprise par rapport au secteur économique dans lequel elle évolue.

http://www.banque-france.fr/fiben/centrale-des-bilans.htm

Attention toutefois aux excès des ratios; soyez cohérent dans leur utilisation et n'en faites pas une religion...

Mieux vaut un indicateur bien choisi et que l'on regarde qu'une multitude de clignotants qui donne mal à la tête.

Parmi ceux-ci, nous pouvons citer :

1. Beaucoup d'éléments du compte de résultat peuvent être exprimés en% du CA (marge, valeur ajoutée, MBA...).
2. Certains éléments du CA et d'autres domaines peuvent être rapportés à l'effectif (CA, VA, résultat, masse salariale, superficie des locaux...).
3. Le BFR, nous le savons déjà, peut s'exprimer en nombre de jours de CA.
4. Le ratio Dettes LT/MBA annuelle donne une approximation du délai nécessaire pour rembourser la dette (si l'intégralité de la MBA est utilisée à rembourser la dette).
5. En matière purement financière, le ratio d'endettement (dettes LT/capitaux propres) mesure la capacité à s'endetter sur le marché financier : au-dessus de 1, les dettes à LT sont supérieures aux capitaux propres, et le banquier hésitera à prêter de nouveau.

Avant de continuer, je vous conseille vivement, si ce n'est déjà fait, de consulter le chapitre « Calculs de gestion ».

L'étude du compte de résultat : le résultat !

Marge Brute d'Autofinancement (MBA)

Une entreprise qui ne génère pas de MBA voit ses ressources progressivement s'étioler, et devient incapable de faire face au simple maintien de sa structure financière, laquelle se dégrade progressivement.

C'est la mort, plus ou moins lente.

Elle se définit comme le solde entre les produits encaissables et les charges décaissables.

Elle se calcule plus simplement en faisant :

Résultat net comptable + dotations aux amortissements et aux provisions

Elle représente l'argent potentiellement généré au cours de la période.

Cette MBA devient dans l'exercice considéré une ressource de financement essentiellement pour :

- investir,
- financer la croissance et l'augmentation liée du BFR,
- se désendetter,
- rémunérer les actionnaires (dividendes).

Valeur Ajoutée (VA)

Elle se définit comme le solde entre les richesses facturées par l'entreprise (les ventes) et les richesses achetées (les achats externes).
Elle représente donc la richesse créée par cette entreprise.
Son calcul peut être assez complexe, mais cet indicateur est souvent fourni avec les résultats financiers.

Marge

Elle représente la richesse commerciale que l'entreprise a su créer par la différence entre le prix de vente et le prix de revient du produit.
Elle se calcule comme suit :

(Quantités vendues × prix unitaire de vente) –
(Quantités vendues × coût unitaire de revient)

Là encore, ce calcul peut être assez complexe, mais est souvent fourni avec les états financiers.

Quelques ratios

❶ De bilan :
a. BFR en jours {(BFR francs/CA d'une période) × nombre de jours de la période},
b. Ratio d'endettement (dettes à LT/capitaux propres) qui doit être inférieur à 1.

❷ De compte de résultat :
a. MBA/CA ou effectif,
b. VA/CA ou effectif,
c. Marge/CA ou effectif,
d. Résultat net comptable/CA ou effectif.

❸ Mixte :
a. Délai de remboursement de la dette LT (dette LT/MBA annuelle).

NÉGOCE ET DISTRIBUTION

La marge est l'indicateur fondamental des sociétés purement commerciales et de négoce (distribution) : c'est elle qui leur permet (ou non) de gagner leur vie.

Démonstrations pratiques de nos principes d'analyse financière

Deux démonstrations réelles au travers d'un groupe alimentaire et d'une chaîne de supermarchés.

Changement d'échelle : il s'agit de millions de €. Mais le raisonnement va être le même.

Une première démonstration pratique : le groupe alimentaire

Les bilans comparés de ce groupe à la fin de N + 1 et N se présentent ainsi :

Bilan du groupe alimentaire en millions d'euros					
Emplois			Ressources		
	Fin N+1	Fin N		Fin N+1	Fin N
Immobilisations	10 531	10 491	Capitaux propres	7 269	6 895
Stocks	927	1 058			
Créances CT	2 606	2 963	Dettes LT	4 248	4 702
Trésorerie	966	866	Dettes CT	3 513	3 781
Total	15 030	15 378	Total	15 030	15 378

Le FR est correctement dimensionné.
Il finance le BFR, et permet d'avoir une trésorerie suffisante.

Calculons le triptyque magique FR/BFR/Trésorerie :

	Fin N+1	Fin N	Variation N+1/N
Capitaux propres	7 269	6 895	
+ Dettes LT	4 248	4 702	
- Immobilisations	-10 531	-10 491	
= Fonds de roulement FR	986	1 106	- 120
Stocks	927	1 058	
+ Créances CT	2 606	2 963	
- Dettes CT	-3 513	-3 781	
= Besoin de fonds de roulement BFR	20	240	-220
Trésorerie = FR - BFR	966	866	100

Au plan de l'évolution N + 1/N :

Le tassement du FR est contrebalancé par une réduction importante du BFR, ce qui permet de renforcer le niveau de disponibilités. Au plan du FR, l'augmentation des capitaux propres (par la MBA) a permis de rembourser une partie des dettes à LT. Au plan du BFR, effort très sensible dans la gestion des stocks et des comptes clients (créances CT).

Le ratio d'endettement passe de 4702/6895 = 0.68 à 4248/7269 = 0.58, ce qui représente une amélioration sensible et appréciable dans la capacité à emprunter.

Ces éléments sont la preuve d'une gestion financière classique et efficace. Du beau travail sans surprise.

SUR LE WEB

De plus en plus d'entreprises importantes mettent à la disposition des surfeurs sur le Web des sites qui contiennent énormément d'informations intéressantes.
Vous y trouverez en particulier des renseignements relatifs à la politique générale de l'entreprise, aux résultats financiers, aux perspectives à moyen et long terme, aux recherches et développements, aux produits, aux actionnaires ; bref, de quoi vous cultiver, vous faire progresser en analyse financière et, pourquoi pas, vous transformer en investisseur.

Une deuxième démonstration pratique : la chaîne de supermarchés

Voici le bilan comparé fin N + 1 et N de cette chaîne :

	Bilan consolidé (en millions de euros)			
Actif	31/12/N + 1			31/12/N
	Brut	Amortissements et provisions	Net	Net
Immobilisations incorporelles	2775	286	2489	67
Immobilisations corporelles	7914	2489	5425	1741
Immobilisations financières	273	4	269	128
Actif immobilisé	10962	2779	8183	1936
Stocks et en-cours	1383	69	1314	697
Clients et autres créances	1092	33	1059	567
Disponibilités	731	0	731	756
Actif circulant	3206	102	3104	2020
Total de l'actif	14168	2881	11287	3956

	Bilan consolidé (en millions de euros)	
Passif	31/12/N + 1	31/12/N
Fonds propres (Part de Groupe)	2719	844
Intérêts hors groupe dans les sociétés consolidées	130	84
Fonds propres	2849	928
Provisions pour risques et charges	1215	226
Emprunts	2793	545
Fournisseurs et autres dettes	4430	2257
Total Dettes	8438	3028
Total du passif	11287	3956

Première difficulté : remettre un peu d'ordre dans ces informations.

Réorganisation générale du bilan

Les termes « Actif » et « Passif » signifient respectivement Emplois (ou Biens) et Ressources (ou Dettes).

Pour les emplois :

> Nous ne nous intéresserons qu'aux valeurs nettes, après amortissement et dépréciation, comme nous l'avons toujours fait jusqu'à présent.

1. Les 3 premières colonnes des emplois (l'actif) donnent à fin N + 1 les valeurs brutes (avant amortissements et provisions), les amortissements et provisions, et enfin les valeurs nettes (valeurs brutes diminuées des amortissements et provisions).

2. La dernière colonne des emplois donne les valeurs nettes à fin N.

3. La ligne « Actif immobilisé » donne le total des immobilisations, ventilé en immobilisations incorporelles (brevets, licences...), corporelles (les magasins et leurs agencements) et financières (les participations dans d'autres sociétés).

4. Stocks, clients et dettes CT, disponibilités (trésorerie) forment le total de l'« Actif (emplois) circulant » – par opposition à « immobilisé ».

> Vous constatez que les emplois égalent les ressources (merci, saint Comptable) et que nous retrouvons les principaux éléments du bilan tels que nous les avons exposés jusqu'à présent.

Du côté des ressources, n'entrons pas trop dans le détail de notions un peu complexes. Retenez que les capitaux propres du groupe s'obtiennent en additionnant les lignes Fonds propres (la deuxième) avec les Provisions pour Risques et Charges.
Nous pouvons donc prendre notre calculatrice et notre crayon pour présenter les bilans tels que nous y sommes habitués, ainsi que les fond de roulement, besoins en fond de roulement et ratios d'endettement...

Des bilans présentables

Bilans comparés de la chaîne de supermarchés en millions d'euros					
Emplois			**Ressources**		
	Fin N+1	Fin N		Fin N+1	Fin N
Immobilisations	8 183	1 936	Capitaux propres	4 064	1 154
Stocks	1 314	697			
Créances CT	1 059	567	Dettes LT	2 793	545
Trésorerie	731	756	Dettes CT	4 430	2 257
Total	11 287	3 956	**Total**	11 287	3 956

Le fond de roulement s'élève à :

Capitaux propres + dettes LT - immobilisations, soit :

- Fin N + 1 : 4064 + 2793 – 8183 = – 1326
- Fin N : 1154 + 545 – 1936 = – 237

Avez-vous remarqué cette bizarrerie, le FR est négatif !

Le besoin de fond de roulement s'élève à :

Stocks + créances CT – dettes CT, soit :

- Fin N + 1 : 1314 + 1059 – 4430 = – 2057
- Fin N : 697 + 567 – 2257 = – 993

Avez-vous remarqué cette bizarrerie, le BFR est négatif !

Nous pouvons monter le tableau suivant et vérifier la trésorerie :

	Fin N+1	Fin N
FR	- 1 326	- 237
BFR	- 2 057	- 993
Trésorerie : FR-BFR	731	756

Bien que le BFR soit négatif, l'égalité magique FR - BFR = T est toujours exacte.

Quant au ratio d'endettement, il est de :

Dettes LT/capitaux propres, soit :

- Fin N + 1 : 2793/4064 = 0.69
- Fin N : 545/1154 = 0.47

Qu'en conclure ?

L'analyse des bilans

Rappelons-nous tout d'abord le schéma traditionnel :

1. Les ressources à LT (capitaux propres et dettes LT) sont supérieures (et donc financent totalement) les emplois à LT (les immobilisations). L'excédent constitue le fond de roulement qui est un moyen de financement.
2. Les emplois à CT (stocks et créances CT) excèdent les ressources à CT (les dettes CT) ; ce besoin de financement lié à l'exploitation de l'entreprise (plus exactement aux décalages liés au délai de stockage, de paiement et d'encaissement) constitue le besoin de fond de roulement.
3. Le fond de roulement (ressource à LT) diminué du besoin de fond de roulement (emploi à CT) constitue la trésorerie, laquelle doit être positive, autant que faire se peut.

En fait, dans l'orthodoxie financière, le FR finance le BFR et l'excédent constitue la trésorerie.

Maintenant, qu'en est-il de cette chaîne de supermarchés ?

En fait, nous constatons que et FR et BFR sont négatifs.

- Le FR est négatif, ce qui signifie que les ressources à LT sont inférieures aux emplois à LT ; il y a donc insuffisance de financement à long terme et non un excédent comme en théorie.
- Le BFR, lui, est également négatif, c'est-à-dire que de besoin de financement il se transforme en ressource de financement (les dettes à CT sont supérieures aux emplois à CT) ; ce BFR est négatif par l'importance des dettes CT (le crédit obtenu –? – des fournisseurs).

Notez par ailleurs que cet exemple est représentatif du fonctionnement de la grande distribution dans laquelle une part très importante du financement est assurée par les fournisseurs et non par les ressources traditionnelles (capitaux propres et banquiers).

En fait, c'est en quelque sorte le crédit obtenu des fournisseurs qui permet de financer le groupe !
Comme la ressource de financement à CT (le BFR négatif) est plus élevé que le besoin de financement à LT (le FR négatif), la trésorerie est positive. La vie est belle !
En fait, dans cet exemple c'est le BFR qui finance le FR.
Par ailleurs, l'étude du ratio d'endettement montre que, bien que dégradé, il reste inférieur à 1, ce qui autorise le groupe à faire appel à l'endettement extérieur pour financer son expansion.

L'analyse des comptes de résultat

Voici maintenant les comptes de résultat, toujours en M€ :

	Compte de résultat consolidé (en millions d'euros)			
	31/12/N + 1		31/12/N	
		%		%
Ventes des marchandises H.T.	14209	100,0	9803	100,0
Coût d'achat des marchandises vendues	-11542	-81,2	-7893	-80,5
Marge commerciale	2667	18,8	1910	19,5
Frais généraux	-1942	-13,7	-1455	-14,8
Amortissements et provisions	-387	-2,7	-233	-2,4
Autres produits et charges	-25	-0,2	16	0,2
Résultat avant impôt	313	2,2	238	2,4
Impôt sur les bénéfices	-89	-0,6	-84	-0,9
Résultat net courant des sociétés intégrées	224	1,6	154	1,6
Résultat net courant des sociétés mises en équivalence	5	0,0	8	0,1
Résultat net courant	229	1,6	162	1,7
Résultat net exceptionnel	-107	-0,8	-85	-0,9
Résultat net des sociétés intégrées	122	0,9	77	0,8
Port revenant aux intérêts minoritaires	-15	-0,1	-8	-0,1
Résultat net part de groupe	107	0,8	69	0,7

Avez-vous remarqué que tous les éléments de ce compte de résultat sont exprimés en € et en % du CA, comme je vous le conseillais ?

Essayons d'y voir plus clair, quitte à simplifier :

Nous comprenons les principaux éléments jusqu'au « résultat net courant des sociétés intégrées ».

Le « résultat net courant des sociétés mises en équivalence » représente le résultat de certaines sociétés du groupe qui se distinguent des autres par un statut juridique différent.

Le « résultat exceptionnel net brut » est notre résultat exceptionnel.

La « part revenant aux intérêts minoritaires » permet d'éliminer une partie du résultat généré qui ne reste pas la propriété du groupe.

Nous pouvons donc représenter notre compte de résultat selon ce schéma :

	Exercice N+1		Exercice N		Variation
	M Euro	% CA	M Euro	% CA	N+1/N
CA	14 209	**100,0%**	9 803	**100,0%**	**44,9%**
Coût des ventes	-11 542	-81,2%	-7 893	-80,5%	46,2%
Marge	**2 667**	**18,8%**	**1 910**	**19,5%**	**-0,7 pts**
Frais généraux	-1 942	-13,7%	-1 455	-14,8%	33,5%
Dotations am. prov.	-387	-2,7%	-233	-2,4%	66,1 %
Autres produits	-25	-0,2%	-16	0,2%	-256,3%
Résultat courant	**313**	**2,2%**	**238**	**2,4%**	**-0,2 pts**
Résultat exercice	-117	-0,8%	-85	-0,9%	37,6 %
Résultat net	**196**	**1,4%**	**153**	**1,6%**	**-0,2 pts**
IS	-89	-0,6%	-84	-0,9%	6,0%
Résultat net après IS	**107**	**0,8%**	**69**	**0,7%**	**0,0 pts**

Analyse express :

Nous constatons une augmentation considérable du CA (+45 %) mais un tassement du taux de marge (- 0,7 pts); le résultat net après IS augmente malgré tout de 38 K€.

Les dotations aux amortissements augmentent sensiblement, ce qui est probablement dû à une politique ambitieuse d'investissements (voir le bilan !).

Les frais généraux augmentent sensiblement en €, mais leur part par rapport au CA diminue, ce qui est le signe d'importantes économies.

La situation est donc assez favorable; seule la baisse du taux de marge peut préoccuper.

Un exercice d'application : les chaises musicales

Les données

Les financiers ne sont pas particulièrement réputés pour leur esprit badin.
Pour vous prouver que cet a priori n'est pas forcément parole d'évangile, je vous propose cet exercice dans ce domaine de l'analyse financière.
Je vais vous proposer deux séries :

- une série de batteries d'indicateurs financiers pour 8 entreprises anonymes,
- une liste de 8 entreprises.

Le jeu consistera à faire fonctionner vos méninges et à utiliser les connaissances que vous avez acquises pour effectuer les mariages entre la série d'indicateurs et les entreprises à marier.

Voici la série d'indicateurs :

	1	2	3	4	5	6	7	8
Marge	99%	60%	70%	16%	99%	42%	21%	62%
Valeur ajoutée	52%	41%	42%	14%	93%	28%	15%	44%
Résultat net	2%	7%	3%	2%	4%	4%	1%	2%
MBA	11%	8%	11%	4%	5%	6%	3%	5%
Investissement	7%	3%	14%	3%	2%	3%	2%	4%
Immobilisations	32%	22%	67%	12%	11%	12%	11%	15%
BFR	15 j	314 j	128 j	-39 j	64 j	41 j	11 j	144 j

Les données sont soit exprimées en % du CA annuel, soit en jours de CA. Par exemple, l'entreprise 4 réalise 16% de marge par rapport à son CA.

Les entreprises à marier sont :

a. Groupe de grande distribution.
b. Compagnie aérienne.
c. Groupe de distribution photo et son.
d. Fabricant de matériel électrique.
e. Fabricant de produits laitiers.
f. Fabricant de jouets.
g. Entreprise de travail temporaire.
h. Groupe cimentier.

Solution page suivante

Réfléchissez aux indicateurs et à leur signification.

La solution commentée

- La première entreprise peut facilement se placer. Souvenez vous de la structure de BFR de la grande distribution, dont nous avions dit qu'il était non un besoin de financement mais une ressource (par le crédit fournisseur) : le groupe de grande distribution ne peut être que l'entreprise 4.
- Parmi nos entreprises, deux sont de pures prestataires de services : l'entreprise de travail temporaire et la compagnie aérienne ; elles ne vendent « que » des services, pas des produits manufacturés. Cela signifie qu'elles ont normalement une marge proche de 100 % (car les produits vendus n'ont pas de prix de revient). Deux entreprises, la 1 et la 5, ont une marge de 99 %. Comment les départager ?

Regardons les investissements et les immobilisations : l'une fait, proportionnellement, 3 fois plus que l'autre ; c'est évidemment la compagnie aérienne avec ses avions ! Compagnie aérienne 1, entreprise de travail temporaire 5.

- Une entreprise a un BFR de 314 j, soit quasiment une année. De qui peut-il s'agir ? Le fabricant de jouets, qui intervient dans le secteur des jouets, très saisonnier, doit faire face à un volant d'activité exceptionnel en fin d'année à Noël, et donc avoir un stock important pour pouvoir faire face à la demande. Fabricant de jouets 2.
- Des quatre restantes, une d'elles ne fait que 21 % de marge commerciale. Il ne peut normalement s'agir de sociétés de production (qui doivent payer ensuite tous leurs frais généraux) mais plutôt de sociétés de négoce ou de distribution. Groupe de distribution photo et son en 7.
- Les trois dernières entreprises peuvent être étudiées sur le critère des immobilisations. Une possède proportionnellement beaucoup plus d'immobilisations que les autres. A laquelle des trois la marier ? Le groupe cimentier qui a besoin d'un parc d'immobilisations très important par rapport à la faible valeur des produits fabriqués, le ciment. Groupe cimentier en 3.
- Entre les deux dernières, il n'est pas facile de trouver l'argument qui va les départager. L'une intervient dans le domaine agroalimentaire, l'autre dans le domaine industriel.

Les niveaux de marge et de VA sont souvent plus élevés dans ce dernier domaine. Fabricant de produits laitiers 6, fabricant de matériel électrique 8.

Facile, finalement, quand on réfléchit un peu et que l'on possède les rudiments de la gestion !

DU RAISONNEMENT ANALYTIQUE

Avez-vous remarqué que nous ne nous sommes même pas posé la question de la taille de l'entreprise (son CA) ? Seules les informations relatives à la structure financière par l'intermédiaire de ratios nous ont été utiles.

Mémento d'analyse financière rapide

Comme vous l'avez compris, l'analyse financière vous permet de vous faire une opinion sur la santé financière et sur la gestion des entreprises.
Ceci peut avoir énormément d'intérêt, que vous soyez investisseur ou partenaire (client ou fournisseur) potentiel, ou que vous souhaitiez « vendre » votre entreprise à vos clients ou à votre banquier.
Bien que l'analyse financière soit un métier de spécialiste, vous en possédez certaines clés ! Usez-en !

Je vous propose donc quelques indicateurs que vous pouvez utiliser en fonction des objectifs que vous poursuivez dans votre analyse : à vous, selon vos motivations et vos centres d'intérêts, de faire votre choix sur cette carte !
Vous remarquerez que chaque indicateur peut être utilement comparé dans le temps, sur plusieurs exercices (pour voir l'évolution de l'indicateur pour l'entreprise) et dans l'espace (pour situer les performances de l'entreprise sur cet indicateur par rapport à des entreprises comparables du même secteur économique).

❶ Pour juger de la solidité financière d'une entreprise :
a. Calcul du FR et comparaison dans le temps et l'espace.
b. Calcul du BFR en valeur et comparaison dans le temps et l'espace.
c. Contrôle de la trésorerie.
d. Ratio d'endettement, et comparaison dans le temps et l'espace.

❷ Pour juger du dynamisme financier d'une entreprise et de sa capacité à « faire de l'argent » :
Calcul de la MBA, des ratios MBA/CA et MBA/effectif et comparaison dans le temps et l'espace.

❸ Pour juger de la qualité de la gestion de l'entreprise :
a. Calcul du BFR en jours et comparaison dans le temps et l'espace.
b. Calcul du ratio résultat financier/CA dans le temps et l'espace.

❹ Pour juger du dynamisme commercial de l'entreprise :
a. Évolution du CA dans le temps et dans l'espace.
b. Calcul de la marge commerciale et évolution dans le temps et l'espace.

❺ Pour évaluer la rentabilité de l'entreprise :
a. Rentabilité de l'exploitation normale : calcul du résultat d'exploitation et des ratios résultat ad'exploitation/CA et effectif, comparaison dans le temps et l'espace.
b. Rentabilité finale : mêmes calculs, avec le résultat net après IS.

❻ Pour évaluer la valeur de l'entreprise :
Capitaux propres et évolution dans le temps.

Si vous ne deviez retenir que ceci sur l'analyse financière…

❶ L'analyse financière a pour but, à partir de l'observation et de l'analyse des états financiers de synthèse que sont le bilan et le compte de résultat, de porter un diagnostic sur la santé financière des entreprises.

❷ L'analyse du bilan permet de distinguer :
a. Le fond de roulement qui représente l'excédent des ressources stables sur les emplois stables et donc disponibles pour financer les emplois à CT (le BFR).
b. Le besoin de fond de roulement qui représente le besoin de financement créé par le cycle d'exploitation de l'entreprise.
c. Dans la situation classique, le FR excédentaire finance l'intégralité du BFR ; la part résiduelle constitue la trésorerie disponible.

❸ L'analyse du compte de résultat permet de distinguer différents soldes intermédiaires de gestion parmi lesquels on peut citer :
a. Le résultat d'exploitation qui mesure le résultat de l'activité normale de l'entreprise.
b. Le résultat financier qui mesure le poids de l'excédent ou du manque de moyens financiers.
c. Le résultat exceptionnel qui mesure l'impact au cours de l'exercice considéré des éléments exceptionnels et donc a priori non répétitifs.
d. Le résultat net qui mesure la rentabilité ultime de l'entreprise.
e. La valeur ajoutée, indicateur de la richesse créée.
f. La marge brute d'autofinancement MBA, représentative de la capacité à créer de l'argent pour vivre et grandir.

❹ La croissance pour une entreprise est souvent synonyme de besoin de financement par accroissement du BFR et donc de difficultés de trésorerie si la MBA générée par cette expansion est insuffisante.

❺ L'analyse par ratios permet de comparer les entreprises dans l'espace et dans le temps ; parmi les principaux, il faut citer :
a. L'expression des éléments du compte de résultat et des SIG en % du CA annuel.
b. L'expression du BFR en jours de CA.
c. Le ratio d'endettement financière (Dettes LT/Capitaux propres).

Do it yourself… d'analyse financière

❶ Pour l'entreprise Rotor dont vous avez le bilan au 31/12/N en K€ :

Emplois		Ressources	
Immobilisations	100	Capitaux propres	150
Stocks	25		
Créances CT	45	Dettes LT	25
Trésorerie	10	Dettes CT	5
Total	180	Total	180

a. Calculez FR, BFR et vérifier la trésorerie.
b. Calculez le BFR en jours en supposant que le CA annuel de Rotor s'élève pour l'exercice N à 260 K€.
c. Évaluez le complément de financement que devra trouver Rotor pour financer sa croissance de 15% en N + 1.

❷ À partir des informations suivantes en millions d'€ relatives à la Global Corporation Ltd pour l'exercice N, calculez les soldes intermédiaires de gestion (différents niveaux de résultat, VA, MBA) en M€ et en % du CA annuel :

CA	1000
Charges externes	250
Dotation amortissements provisions	300
Autres charges d'exploitation	350
Frais financiers	75
Produits exceptionnels	5

❸ L'entreprise NordPack réalise un CA de 195 en année N ; sachant que son BFR est de 90j, qu'elle génère une MBA de 10% du CA annuel et qu'elle investit annuellement 8% de son CA dans son outil de production, calculer le besoin de financement qu'elle générera en N + 1 dans l'hypothèse d'une croissance du CA de 15%.

❹ Vrai ou faux ?
a. Un BFR de 90j signifie que l'entreprise doit financer son exploitation pendant 90j.
b. Les principales sources de financement d'une entreprise sont les dettes auprès des banques et des fournisseurs.
c. Quand une entreprise arrive à réduire ses stocks de 50%, elle baisse son BFR de 50%/2 = 25%.
d. Le BFR de la grande distribution est en fait une ressource de financement.
e. Le ratio d'endettement (dettes LT/capitaux propres) doit être supérieur à 1.
f. FR + BFR = Trésorerie.

Do it yourself… d'analyse financière : la solution

Rotor :

❶ FR = capitaux propres + dettes LT – immobilisations = 150 + 25 – 100 = 75.
BFR = stocks + créances CT – dettes CT = 25 + 45 – 5 = 65.
Trésorerie = FR – BFR = 75 – 65 = 10.

❷ 65 K€/260 K€ × 360j = 90 jours.

❸ L'augmentation de CA va générer une augmentation de BFR de 65 × 15% = 10 K€ en N + 1 qu'il aurait fallu financer si l'entreprise ne disposait pas de 10 K€ de trésorerie.

Global Corporation :

Global Corporation Ltd N+1 (M €)			
		M€	**% du CA**
	CA	1000	100,0%
-	Charges externes	250	25,0%
=	Valeurs ajoutée	750	75,0%
-	Dotation amortissements provisions	300	30,0%
-	Autres charges d'exploitation	350	35,0%
=	Résultat d'exploitation	100	10,0%
+	Résultat financier	-75	-7,5%
=	Résultat courant	25	2,5%
+	Résultat exceptionnel	5	0,5%
=	Résultat net	30	3,0%
+	Dotation amortissements provisions	300	30,0%
=	MBA	330	33,0%

NordPack :

❶ Au plan des emplois, nous aurons :
a. L'augmentation du BFR = ((195 K€ × 90j)/360j) × 0.15 = 7 K€.
b. Les investissements = 195 K€ × 8% × 1.15 = 18 K€.
Soit un total de 25 K€.

❷ Au plan des ressources, la MBA = 195 K€ × 10% × 1.15 = 22 K€.
Le besoin de financement prévisionnel en 2001 sera donc de 25 – 22 = 3 K€.

Vrai ou faux ?

a Vrai, b Faux, c Faux, d Vrai, e Faux, f Faux.
À vous de trouver pourquoi !

COMPTABILITÉ ANALYTIQUE

Nous avons exploré la comptabilité générale, dont nous avons vu qu'elle est une excellente matière première pour différents retraitements en vue de l'analyse.
L'analyse financière est un outil de première qualité pour le financier et, plus généralement, pour l'observateur extérieur qui veut juger de la santé globale d'une entreprise.
Quant au décisionnaire de l'entreprise, quel outil va lui permettre de piloter, de manager, d'arbitrer ?
La comptabilité analytique va lui permettre d'exercer lucidement ses choix, en décomposant charges et produits au niveau le plus fin.
Parmi les nombreuses méthodes existantes, nous en étudierons trois, les plus significatives, au travers d'autodécouvertes, d'exercices, de synthèses et d'approfondissements.

Calculer le coût de revient d'un produit, c'est facile ?

VOCABULAIRE

En comptabilité générale, on parle de charge et de produit. En comptabilité analytique, on parlera respectivement de coût (de revient) et de prix (de vente).

Telle que la question est posée, et puisque vous commencez à me connaître, vous imaginez bien que la réponse est certainement « non ».

Le principe du calcul du coût de revient d'un produit est pourtant excessivement simple : il s'agit de diviser le total des coûts de production d'un produit pendant une période par le nombre total de produits passés en production pendant la même période :

$$\text{Coût de revient unitaire d'un produit pendant une période} = \frac{\text{Total des coûts de revient pour ce produit pendant la période}}{\text{Quantité de ce produit pendant cette période}}$$

SONT TYPIQUEMENT DES COÛTS VARIABLES :

- les matières premières,
- l'énergie,
- les consommables...

L'opération arithmétique ne pose aucune difficulté, évidemment ; le problème vient plutôt du numérateur et du dénominateur !

La répartition des coûts indirects

Dans une entreprise, comment calculer le total des coûts de revient d'un produit particulier ?

Si cette entreprise ne fabrique qu'un seul produit, no problem : toutes les charges constatées sur le compte de résultat de la période deviennent les coûts de revient du produit.

Ça se complique par contre sensiblement dès que l'entreprise fabrique plusieurs produits, ce qui est d'ailleurs le cas le plus fréquent. Pour mieux comprendre, imaginons une entreprise qui fabrique des yoyos et des scoubidous ; son organigramme pourrait se présenter comme suit :

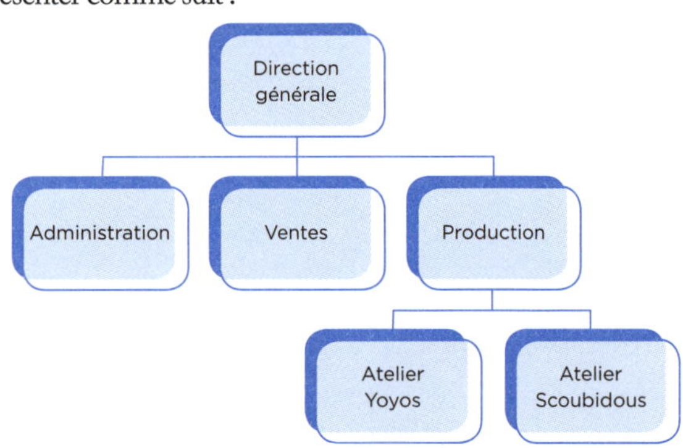

SONT TYPIQUEMENT DES COÛTS INDIRECTS :

- les frais d'encadrement et de direction générale,
- les impôts et taxes...

En matière de comptabilité analytique, les coûts des deux ateliers Yoyos et Scoubidous s'imputeront sans problème respectivement aux coûts de revient des yoyos et des scoubidous ; ce sont des coûts directs, c'est-à-dire des coûts affectables directement à la production d'un produit.

Mais quid des coûts du directeur de la production (service Production), qui s'occupe à la fois des yoyos et des scoubidous ? On n'aura pas d'autre solution que de répartir le plus équitablement possible son coût entre les yoyos et les scoubidous, par exemple au prorata des quantités produites de chaque produit, au prorata du CA ou selon toute autre clé de répartition. Quand aux autres services Ventes, Administration et Direction générale, on imagine bien que la répartition de leurs coûts entre les yoyos et les scoubidous sera de plus en plus difficile, on pourrait presque dire *pifométrique* ! Les coûts de ces services sont appelés indirects, c'est à dire qu'ils ne peuvent être affectés au coût de revient d'un produit qu'au travers de clés de répartition plus ou moins précises et forfaitaires. Toute la validité et la précision du calcul d'un coût de revient est donc directement fonction de la précision et de la validité de la répartition de ces damnés coûts indirects.

PART DES COÛTS INDIRECTS

Les entreprises modernes sont de plus en plus complexes et organisées « transversalement ». Ce qui a pour conséquence que les coûts indirects sont très largement majoritaires

Voilà qui ne simplifie guère notre tâche...

Répartition des coûts

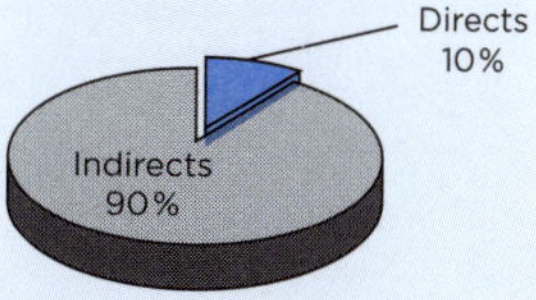

Les coûts fixes et la variation du niveau de production

L'entreprise n'est pas un métronome, sa production varie d'un moment à l'autre. Or elle encours à la fois des coûts fixes (indépendants du niveau de production) et des coûts variables (variant directement en fonction du niveau de production).

Prenons un exemple très simple. Pour fabriquer des barbes à papa, miam, il faut du sucre, un bâtonnet, une machine et un forain. Sucre et bâtonnet sont des coûts variables (plus on fait de barbes à papa, plus on consomme de sucre et de bâtonnets) ; par contre, le salaire du forain et l'amortissement de la machine sont des coûts fixes, c'est-à-dire inchangés que l'on fasse ou non des barbes à papa. Prenons comme hypothèse que le bâtonnet coûte 0,05 €, qu'il faut 0,10€ de sucre par barbe à papa, et qu'enfin la machine coûte 10 € par jour et le forain 50 €.

COÛT DE REVIENT ET DE PRODUCTION

On a l'habitude de distinguer le coût de production « pur », c'est à dire ne comportant que les stricts coûts de production, au sortir de l'usine en quelque sorte, du coût de revient, qui inclut lui tous les autres coûts : commercial, conditionnement, distribution, marketing, administratif...

LES COÛTS FIXES

La stabilité des coûts fixes fait que le coût de production unitaire d'un produit augmente quand la production diminue, et inversement.

SONT TYPIQUEMENT DES COÛTS FIXES :

- les loyers,
- les assurances,
- les dotations aux amortissements...

SONT TYPIQUEMENT DES COÛTS DIRECTS :

- les dotations aux amortissements des machines outils, mono produits,
- les salaires des ouvriers y travaillant...

FICTION !

Seul cas où le calcul d'un coût de revient ne pose aucun problème : une entreprise fabricant toujours au même rythme un unique produit. Autant dire que nous sommes en pleine compta-fiction !

Observez donc ce tableau, qui détaille le coût de revient de la barbe à papa un jour de pluie et un jour de soleil :

	Jour de pluie	Jour de soleil
Production	20	200
Bâtonnet	1,00 €	10,00 €
Sucre	2,00 €	20,00 €
Machine	10,00 €	10,00 €
Salaire	50,00 €	50,00 €
Total des coûts de revient	63,00 €	90,00 €
Coût de revient unitaire	**3,15 €**	**0,45 €**

Les clients ne se pressent pas quand il pleut et se bousculent un jour de soleil. Les coûts variables (bâtonnet et sucre) augmentent selon la production, les coûts fixes (machine et forain) non. Au niveau unitaire, la barbe à papa coûte toujours autant en bâtonnet et sucre, mais par contre coûte plus en machine et forain quand la production est faible (et moins quand elle est forte). Au final, la barbe à papa coûte 3,15€ un jour de pluie et seulement 0,45€ quand il fait beau et que les filles sont jolies…
Et comme elle se vend toujours 3€, la marge est de 2,55€ dans un cas et -0,15€ dans l'autre… La différence est considérable, non?

Calculer le coût de revient, ce n'est vraiment pas simple !

Ce que nous venons d'évoquer permet d'identifier les difficultés inhérente au calcul d'un coût de revient et à son interprétation :

- D'abord, comment répartir équitablement les coûts indirects.
- Ensuite, comment gérer une entreprise avec un coût de revient unitaire qui varie à cause des coûts fixes, en augmentant quand la production baisse et en diminuant quand elle augmente.

Tout ceci paraît de prime abord bien difficile à démêler, mais nous en avons bien d'autres, non, avec nos bilans, nos emplois et nos ressources, sans compter le fond de roulement et les capitaux propres ! Alors on ne va pas se laisser impressionner et on va tout de suite démarrer l'étude de la comptabilité analytique par celle de la méthode des coûts variables, la plus simple et la plus amusante, avant de poursuivre sur les coûts complets et enfin les coûts standards.

Les coûts variables

Comme promis, cette méthode est la plus simple et la plus amusante.
Autodécouvertes, théorisations, généralisations, conclusion et exercice de synthèse sont au programme.
Bonne découverte.

L'exercice du pizzaïolo

Approche théorique

Vous êtes un pizzaïolo.
Quelle promotion ! Pas encore à la Tour d'Argent ni au Négresco, mais cela viendra...
Vous cuisinez et vendez des pizzas, *of course*.

Vous disposez des informations analytiques (quel grand mot !) suivantes :

- Chaque pizza vous revient, en ingrédients, en énergie et en emballage, à 2 €.
- Vous vendez la pizza 5 € pièce.
- Vous avez des frais fixes incompressibles de 90 € par jour (location du camion, taxes...).

L'exercice que nous faisons ici, pour être très simple, est néanmoins transposable à beaucoup de situations de gestion. C'est une confirmation de plus que la gestion n'est pas forcément une science compliquée (car elle manipule des théories assez simples) mais qu'elle peut être parfois complexe (car s'appliquant à des réalités économiques difficiles à appréhender par leur taille et leur organisation).

EXERCICE 19 (solution page 165)
Pouvez-vous me dire combien vous devez fabriquer et vendre de pizzas par jour pour commencer à gagner de l'argent ?

Et aussitôt :

EXERCICE 20 (solution page 165)
Maintenant, pouvez-vous me dire combien vous gagnez d'argent si vous fabriquez et vendez successivement 35 et 29 pizzas par jour ?

Le calcul que vous venez d'effectuer brillamment est celui du seuil de rentabilité (ou point mort).

Il se théorise comme suit :

Dans notre exercice, MSCVu = 5 - 2 = 3 € par pizza.

Prix de vente unitaire
–
Coût variable de revient unitaire
=
Marge sur coût variable unitaire (MSCVu)

Toujours dans l'exercice, 90 €/j/3 = 30 pizzas par jour.

Total des coûts fixes d'une période affectables à ce produit /MSCVu
=
Point mort de la période, en unités

Pour 35 pizzas :
(35 - 30) × 3 = 15 €.
Pour 24 pizzas :
(29 - 30) × 3 = - 3 €.

Résultat analytique de la période
=
(Quantités produites et vendues dans la période – point mort) × MSCVu

Résolution graphique

Le point mort que nous venons de calculer peut se représenter de deux façons :

En deçà du point mort, la courbe de coûts est au-dessus de la courbe de chiffre d'affaires : l'entreprise est en perte. La situation est inverse au-delà de ce point mort.

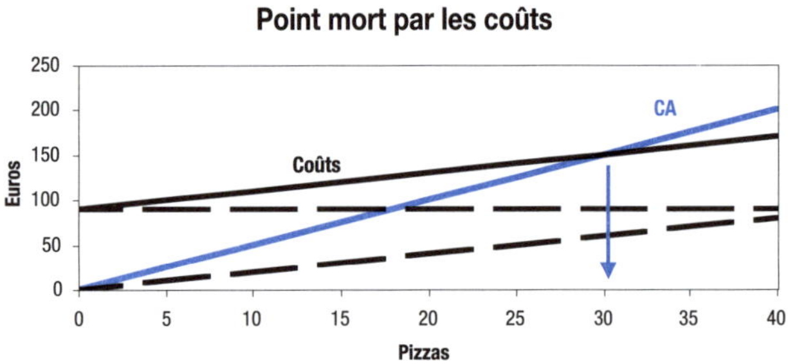

Par les coûts :

Dans ce graphique, la droite oblique pointillée représente les coûts variables de production, la droite horizontale pointillée les coûts fixes de production.

La droite noire pleine représente les coûts totaux de production, et est « l'empilage » des deux courbes précédentes.

L'intersection de la **courbe des coûts** (noire pleine) et du **chiffre d'affaires** (bleue) détermine le point mort, pour lequel le bénéfice est nul.

Par la marge sur coûts variables

Ici, l'intersection de la droite des frais fixes (noire) avec celle de la marge sur coût variable unitaire (bleue) détermine le (même) point mort.
De même, au-delà de ce point mort, l'entreprise réalise des profits (et des pertes en deçà).
Ces deux graphiques représentent de façon différente la même réalité, mais celui-ci est bien plus lisible :

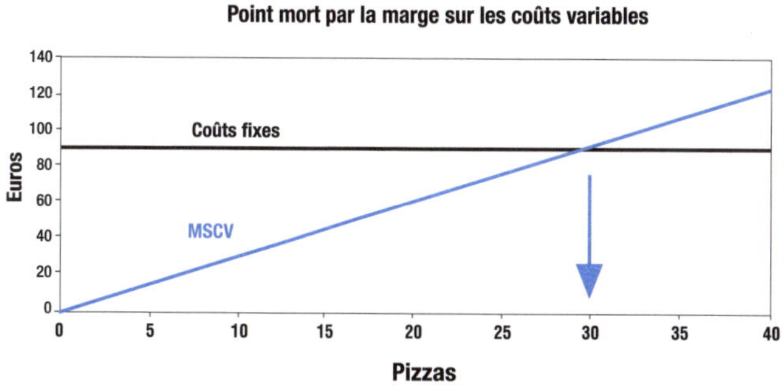

Le point mort est atteint quand la marge sur coût variable totale est égale aux frais fixes.

Recherche de solution

Reprenons le dernier graphique, et imaginons comment améliorer les performances de notre micro-entreprise.
Nous pouvons agir sur les deux courbes indépendamment (ou, bien sûr, en combinant les effets).

Commençons par agir sur la courbe des frais fixes :
Voici ce qui se passe si nous arrivons à abaisser nos frais fixes par jour à 60 € par jour.

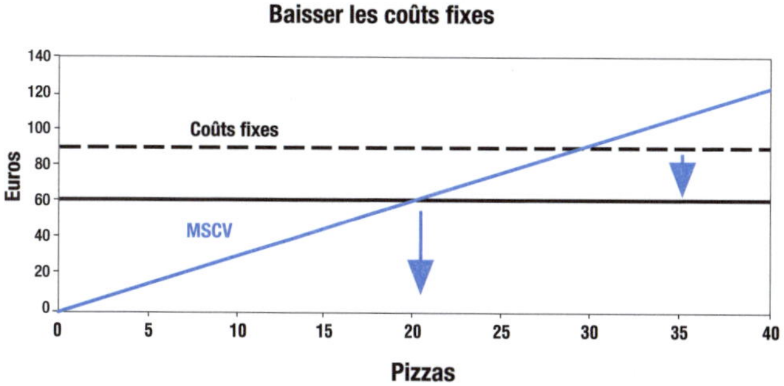

La droite horizontale des coûts fixes s'abaisse et nous visualisons alors le nouveau point mort à 20 pizzas par jour à l'intersection avec la droite de la marge sur coût variable.

Le calcul donne le même résultat :
60/(5 - 2) = 20 pizzas par jour.

Agissons maintenant sur la courbe de la marge sur coûts variables :
Pour augmenter la MSCV, on peut augmenter le prix de vente ou diminuer les coûts variables de production.

Augmentation du prix de vente

Nous décidons cette fois d'augmenter le prix de vente unitaire de la pizza pour, avec de nouveau 90 € de frais fixes par jour, arriver au nouveau point mort de 20 pizzas par jour.

EXERCICE 21 (solution page 165)
Calculez le prix de vente d'une pizza dans cette hypothèse.

Dans ce cas, la MSCVu est de 4,5 €, ce qui donne le graphique suivant :

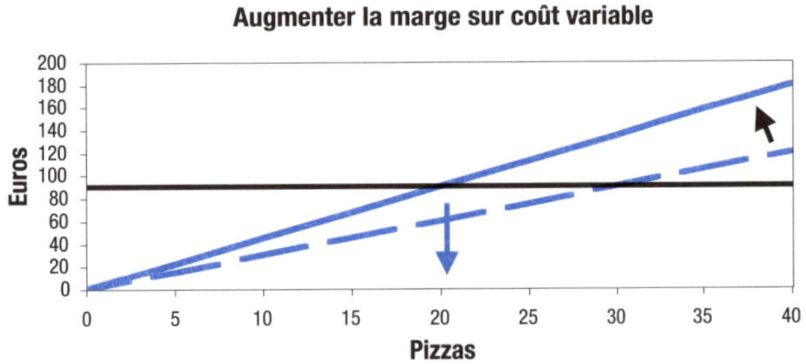

La droite de la MSCV pivote autour de l'origine en se redressant, et détermine le même point mort de 20 pizzas par jour.

Le calcul donne le même résultat : 90/(6,5 - 2) = 20 pizzas par jour.

Diminution des coûts variables de production

Considérons que le prix de vente unitaire est revenu à 5 €, et que les frais fixes sont toujours de 90 €/jour.
Nous souhaitons maintenant abaisser le point mort à 15 pizzas par jour.
Pour atteindre cet objectif, la marge sur coûts variables doit être égale à 90/15 = 6 € par pizza.
Comme le prix de vente n'est que de 5 € par pizza, il n'est pas possible d'atteindre ce résultat en ne jouant que sur les coûts variables de production, qui ne peuvent devenir négatifs.

Il va donc falloir combiner baisse des coûts variables de production unitaire ET augmentation du prix de vente unitaire.

EXERCICE 22 (solution page 165)
Nous avons contacté notre fournisseur, et il est possible de baisser les coûts variables de production unitaire à 1 €.
Quel devrait-être notre nouveau prix de vente unitaire pour nous assurer, avec des frais fixes de 90 € par jour, un point mort à 15 unités?

Limites de l'analyse en coûts fixes et variables

Notre analyse de coûts fixes, coûts variables, marge sur coûts variables et point mort considère que toutes les droites les représentant sont effectivement droites.

Une analyse plus fine prouve que ce n'est pas exact :

- Les coûts fixes d'abord ne sont pas fixes, mais varient par paliers; en effet, dans notre exemple, quand la capacité de production de notre four de cuisson sera dépassée, il faudra acheter un nouveau four.
- Les coûts variables, eux, ont tendance à augmenter moins vite que les quantités par le simple fait des économies d'échelles. Le chiffre d'affaires également.

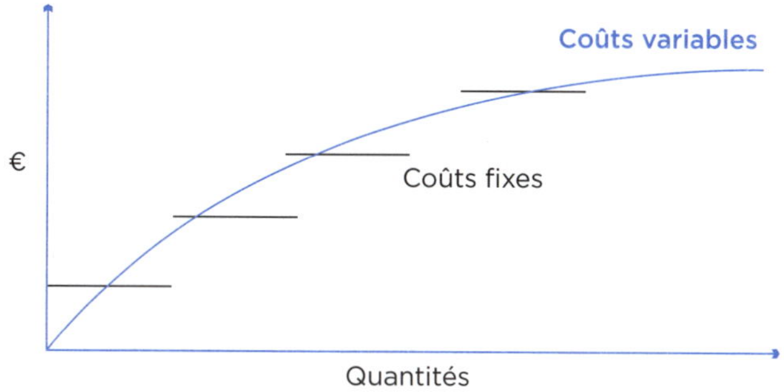

Nous obtenons donc, pour de grandes quantités, un graphique de ce type qui détermine plusieurs points morts, avec des frais fixes « en escalier » et des coûts variables « aplatie ».

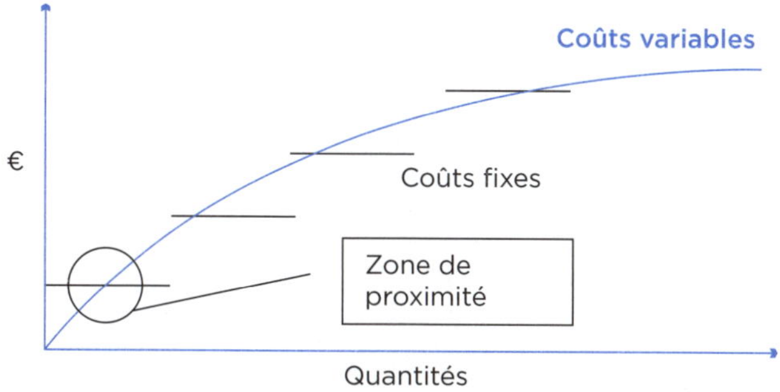

Toutefois, ces limites peuvent être relativisées par l'observation suivante : l'analyse en coûts fixes/coûts variables/point mort n'est valable que sur des variations relativement faibles du paramètre « quantités », sur lesquelles les courbes « redeviennent » droites.

Pizza Conseil

L'énoncé

De pizzaïolo, vous êtes devenu conseil en gestion de pizzaïolos. Belle promotion.
Mme CordonBleu vient vous voir pour vous demander des conseils qu'elle sait avisés. Ne la décevez pas...
Après un bref entretien avec elle, vous réunissez les informations suivantes sur sa micro-entreprise.

RENTABILITÉ, STRATÉGIE

Pour répondre à ces questions, je vous rappelle ce que nous avons appris en matière d'analyse en coûts variables :
- marge sur coût variable unitaire,
- point mort,
- résultat analytique,
- et surtout de garder votre esprit critique...

- Elle fabrique et vend 3 produits : pizzas, quiches et tourtes.
- Les prix de vente et les coûts variables unitaires sont les suivants :

Par unité (€)	Pizza	Quiche	Tourte
Prix de vente	4	6	8
Ingrédients	1	1,25	2
Cuisson	0,25	0,25	1
Emballage	0,25	0,25	0,25
Divers	0,5	1,25	0,75

- Par ailleurs, elle supporte des coûts fixes, dont voici le détail (par jour) :

  Elle loue 3 fours différents, un pour chaque produit (pizza, quiche, tourte), pour un coût quotidien de respectivement 4, 3 et 2 €.
  Enfin, elle loue son camion pour un coût quotidien de 90 €. Ne sachant comment répartir le coût de ce camion entre les trois produits, elle vous propose de le couper forfaitairement en trois pour chacune des trois gammes de tartes.
- Enfin, elle vous indique que ses ventes quotidiennes moyennes sont de 100 pizzas, 12 quiches et 5 tourtes.

Elle souhaite que vous la conseilliez sur sa rentabilité par gamme et totale, ainsi que sur sa stratégie : quel est le produit qui rapporte le plus et qu'elle a donc intérêt à développer?

Calcul du point mort

Je serais très déçu si vous n'arriviez pas à calculer pour nos trois produits le triptyque magique Marge sur coûts variable unitaire/Point mort/Résultat analytique.

Néanmoins, à titre de vérification, en voici le détail :

		Pizza	Quiche	Tourte	Total
PV unitaire	**(1)**	**4,00 €**	**6,00 €**	**8,00 €**	
Ingrédients	(2)	1,00 €	1,25 €	2,00 €	
Cuisson	(3)	0,25 €	0,25 €	1,00 €	
Emballage	(4)	0,25 €	0,25 €	0,25 €	
Divers	(5)	0,50 €	1,25 €	0,75 €	
Total coûts variables unitaires	**(6)=(2+3+4+5)**	**2,00 €**	**3,00 €**	**4,00 €**	
Marge sur coûts variables unitaires	(7)=(1-6)	2,00 €	3,00 €	4,00 €	
Fours	(8)	4,00 €	3,00 €	2,00 €	9,00 €
Camion	(9)	30,00 €	30,00 €	30,00 €	90,00 €
Total des frais fixes quotidiens	**(10)=(8+9)**	**34,00 €**	**33,00 €**	**32,00 €**	**99,00 €**
Point mort (unités par jour)	(11)=(10/7)	17 u/j	11 u/j	8 u/j	
Ventes (unités par jour)	(12)	**100 u/j**	**12 u/j**	**5 u/j**	
Différentiel / point mort	(13)=(12-11)	**83 u/j**	**1 u/j**	**-3 u/j**	
Résultat analytique quotidien prévisionnel	(14)=(13x7)	166,00 €	3,00 €	-12,00 €	157,00 €

Analyse au premier degré

Que nous apprend ce tableau chiffré, sur la ligne « résultat analytique prévisionnel » ?

Que nous « gagnons » de l'argent sur les pizzas et que nous en « perdons » sur les tourtes. Quant aux quiches, elles ne se font guère remarquer, ni dans un sens ni dans l'autre.

À ce niveau, nous conseillerions à Mme CordonBleu de cesser l'activité Tourtes, de conserver à la rigueur les Quiches et de mettre tous ses efforts dans les Pizzas.

Analyse au deuxième degré

Ne nous focalisons plus sur la simple ligne « résultat analytique prévisionnel », mais étudions les éléments les plus significatifs de ce tableau.

Soyons analytiques.

Observons les lignes 7 « marge sur coût variable unitaire » et 11 « point mort quotidien ». Le tiercé est inversé sur ces deux points : dans l'ordre, tourtes, quiches, pizzas.

Graphiquement, le résultat prévisionnel par unité vendue se présente donc comme ci-contre :

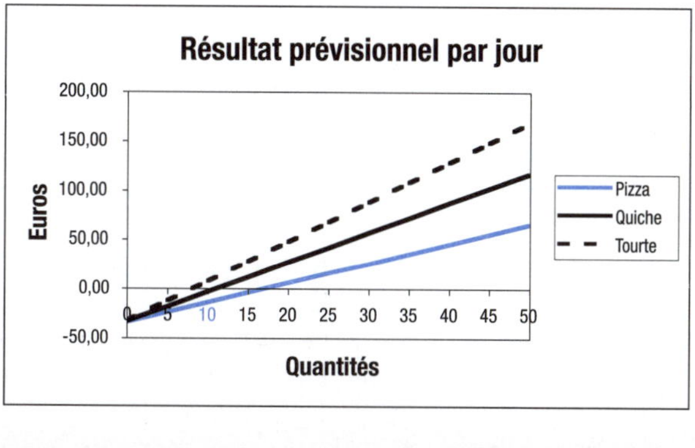

OBSERVEZ LE NOMBRE DES DÉCIMALES DANS NOS CALCULS :

- 2 pour les calculs unitaires, pour lesquels la précision est importante. Faire des arrondis sur des montants qui seront multipliés augmente l'écart d'arrondi et donc réduit la fiabilité.
- 0 pour le résultat prévisionnel, somme globale pour laquelle nous ne prétendons pas avoir une précision au centime près.

Pourquoi donc la tourte fait-elle en réalité de si mauvaises performances, alors qu'elle possède le meilleur potentiel (MSCVu plus élevée et point mort atteint plus rapidement)?
La raison est simple : Mme CordonBleu n'en vend pas assez.
De même, si les pizzas en gagnent autant, c'est que notre patronne ne vend quasiment qu'elles.

Un premier conseil (commercial) judicieux

Si elle essayait de proposer des tourtes à la place des pizzas, en faisant des promotions spéciales de -10% sur le prix des tourtes, elle pourrait peut-être vendre 30 tourtes de plus (et 30 pizzas de moins) par jour.
Dans cette hypothèse, calculons combien elle gagnerait par jour, en supposant qu'elle ne change rien sur les quiches?
Réponse : 189 € (soit 32 € de mieux par jour); ce n'est pas encore le Pérou, mais c'est quand même 20% de plus.
Le calcul est le suivant (les données ayant changé par rapport au calcul précédent sont en bleu) :

		Pizza	Quiches	Tourtes	Total
Prix de vente unitaire initial	(1)	4,00 €	6,00 €	8,00 €	
Promotion	(2)			0,80 €	
Prix de vente promotionnel unitaire	(3)=(1-2)	4,00 €	6,00 €	7,20 €	
Coûts variables unitaires	(4)	2,00 €	3,00 €	4,00 €	
Marge sur coûts variables unitaire	(5)=(3-4)	2,00 €	3,00 €	3,20 €	
Coûts fixes quotidiens	(6)	34,00 €	33,00 €	32,00 €	
Point mort (en unités par jour)	(7)=(6/5)	17 u/j	11 u/j	10 u/j	
Ventes initiales (en unités par jour)	(8)	100 u/j	12 u/j	5 u/j	
Promotion	(9)	-30 u/j		30 u/j	
Ventes promotionnelles (unités par jour)	(10)=(8-9)	70 u/j	12 u/j	35 u/j	
Différentiel / point mort	(11)=(10-7)	53 u/j	1 u/j	25 u/j	
Résultat promotionnel quotidien	(12)=(11x5)	106 €	3 €	80 €	189 €

Plusieurs constatations :

- Le résultat global augmente : c'est la conséquence de notre décision commerciale.
- La répartition du résultat global est nettement plus en faveur de la tourte; c'est le résultat là encore de notre décision commerciale.

Mais notre raisonnement analytique pèche encore.
Vous souvenez-vous que nous avions décidé de répartir le coût de location du camion en trois parts égales, faute d'une meilleure idée?

Cette méthode «plombe» les comptes du produit le moins profitable, et avantage le meilleur (*bien qu'au total, rien ne soit modifié car il ne s'agit que de répartition*).

Un deuxième conseil (de gestion) tout aussi judicieux

Il serait plus logique d'effectuer cette répartition au prorata du chiffre d'affaires réalisé par produit.
Les données ayant changé par rapport au calcul précédent sont en bleu.

		Pizzas	Quiches	Tourtes	Total
Prix de vente unitaire promotionnel	**(1)**	4,00 €	6,00 €	7,20 €	
Ventes promotionnelles (en unités par jour)	**(2)**	70 u/j	12 u/j	35 u/j	
CA promotionnel par jour	**(3) = (1x2)**	280 €	72 €	252 €	604 €
Prorata CA (arrondi)	**(4)**	46 %	12 %	42 %	100 %
Frais camion réparti prorata CA (arrondi)	**(5)**	41,00 €	11,00 €	38,00 €	90,00 €
Frais four	**(6)**	4,00 €	3,00 €	2,00 €	9,00 €
Total des frais fixes	**(7) = (5+6)**	45,00 €	14,00 €	40,00 €	99,00 €
Marge sur coût variable unitaire	**(8)**	2,00 €	3,00 €	3,20 €	
Point mort (en unités par jour)	**(9) = (7/8)**	22,50 u/j	4,67 u/j	12,50 u/j	
Différentiel / point mort	**(10) = (2-9)**	47,50 u/j	7,33 u/j	22,50 u/j	
Résultat analytique prévisionnel par jour	**(11) = (10x8)**	**95 €**	**22 €**	**72 €**	**189 €**

Par rapport au calcul précédent, nous n'observons qu'une modification de la répartition du résultat prévisionnel entre les trois produits, le résultat global prévisionnel n'étant pas modifié.

Synthèse de Pizza Conseil

Résumons notre démarche :

- Nous recueillons l'information.
- Nous la décortiquons par un calcul assez simple de marge sur coût variable et de point mort.
- Nous rejetons la première analyse simpliste de rentabilité pour prendre position sur le véritable sujet, l'insuffisance d'efforts sur le produit le plus rentable.
- Nous rectifions le mode de calcul pour avoir l'outil de contrôle le plus fiable possible.

De toutes ces étapes, la plus difficile est certainement la troisième.

DÉVELOPPEZ VOTRE ESPRIT ANALYTIQUE ET CRITIQUE

Gardez toujours un esprit critique affûté face aux tableaux chiffrés.
Ne vous arrêtez jamais aux apparences, mais cherchez toujours à comprendre en fuyant les conclusions hâtives.

Si vous ne deviez retenir que ceci sur l'analyse par les coûts variables

L'analyse en coûts variables et coûts fixes permet de déterminer rapidement le point mort de l'entreprise (quantités produites et vendues par période pour équilibrer les comptes) et d'en extrapoler simplement le résultat prévisionnel en fonction de certaines prévisions.

Elle nécessite de clairement pouvoir distinguer dans les charges et les produits de l'entreprise la part de ce qui est fixe et la part de ce qui est variable :

- Doit être considéré comme fixe tout coût qui ne varie pas en fonction des quantités produites. Sont typiquement des coûts fixes les charges relatives à l'amortissent des machines, les salaires des personnels à poste fixe, les impôts et taxes…
- Doit être considéré comme variable tout coût dont le montant varie directement et linéairement en fonction des quantités produites. Sont typiquement variables, la main d'œuvre à poste variable, l'intérim, l'énergie, les commissions des représentants…

La formule suivante permet de calculer le coût de revient unitaire variable d'un produit :

$$\text{Coût de revient unitaire VARIABLE d'un produit pendant une période} = \frac{\text{Total des coûts de revient VARIABLES pour ce produit pendant la période}}{\text{Quantité de ce produit passées en production pendant cette période}}$$

Après avoir pris en compte d'éventuelles anomalies (effet de variation en palier des coûts fixes et évolution logarithmique des coûts variables par économie d'échelle), l'analyse par les coûts variables s'effectue de la façon suivante :

1. Détermination de la marge sur coût variable unitaire du produit MSCVu :

MSCVu = Prix de vente unitaire du produit – ensemble des coûts variables unitaires affectables à ce produit.

2. Détermination du point mort (en unités par période) du produit :

Point mort = Ensemble des coûts fixes affectables à ce produit pour la période/MSCVu.

3. Estimation du résultat analytique en fonction d'hypothèses de ventes de X produits pendant la période :

Résultat = (X – point mort) × MSVCu

Pour conclure, la méthode du coût variable présente plusieurs avantages : simplicité des calculs et coût obtenu indépendant du niveau de production (la pizza coûte par exemple toujours 2,00 € pièce, quelle que soit la quantité produite). Par contre, le coût ainsi calculé n'est pas complet, puisque par définition il ne comprend pas les coûts fixes.

Do it yourself… de coûts variables

1. L'entreprise **XYZ** fabrique des produits A. Pour un produit A, vendu 150 €, elle supporte des coûts variables de production de 100 € et des coûts variables de distribution de 20 €; par ailleurs les frais fixes de l'entreprise s'élèvent à 30 K€ par mois.
   Il vous est demandé de calculer le point mort par mois, et de calculer les résultats prévisionnels dans des hypothèses de production et de vente (pas de stocks, flux tendus) de 900, 1000 et 1200 produits par mois.

2. L'entreprise **ABC** fabrique des produits Z. Pour un produit Z, vendu 1000 €, elle encourt des coûts variables de 800 €; par ailleurs, les frais fixes annuels de l'entreprise s'élèvent à 20000 K€.
   Calculez le résultat prévisionnel si l'entreprise fabrique et vend 110 000 produits par an.
   Classez les trois projets (non cumulables) ci-dessous par ordre de profitabilité :
   a. si elle investit dans une campagne publicitaire de 5000 K€ amortie sur 5 ans, elle espère augmenter ses ventes de 5 % en volume,
   b. si elle investit dans trois machines de 500 K€ pièce amorties sur 5 ans, les coûts variables par produit Z baissent de 5 %,
   c. si elle met en place un système de contrôle des coûts et des process de fabrication qui lui permette de réduire ses frais variables et ses frais fixes de 1 %.

3. L'entreprise **DEF** produit et vend des rames pour barques. Chaque rame, vendue 1750 €, revient à 1500 € de coûts variables. Les coûts fixes de l'entreprise s'élèvent à 2500 € par jour.
   a. Calculez son résultat prévisionnel pour 330 rames vendues par mois (de 30 jours).
   b. Le marché l'oblige à passer son prix à 1700 €; quel niveau de coûts fixes doit être atteint, en sachant que les coûts variables sont incompressibles, pour conserver le même niveau de résultat?
   c. Le marché l'oblige à passer son prix à 1700 €; quel niveau de coûts variables doit être atteint, en sachant que les coûts fixes sont incompressibles, pour conserver le même niveau de résultat?

4. Le point mort de l'entreprise **Canada Erable** est de 1200 bouteilles de sirop d'érable par mois; gagnera-t-elle de l'argent si elle réussit à en vendre 14000 par an? 15000?

Do it yourself… de coûts variables : la solution

❶ XYZ

MSCVu = 150 – 100 – 20 = 30 € par unité.
Point mort = 30 K€m/30 € = 1000 unités par mois.

Résultat pour :

a. 900 unités par mois = (900 - 1000) × 30 € = –3 K€ par mois.

b. 1000 unités par mois = (1000 – 1000) × 30 € = 0 (point mort égalé).

c. 1200 unités par mois = (1200 – 1000) × 30 € = + 6 K€ par mois.

Nous sommes au-dessous du point mort dans le cas a, au point mort dans le b et au-dessus dans le c.

❷ ABC

MSCVu = 1000 - 800 = 200 € par unité.
Point mort = 20000 K€/200 € = 100000 unités par an.
Résultat prévisionnel pour 110000 produits par an = (110000 – 100000) × 200 € = 2000 K€ par an.

Projets :

a. Les frais fixes annuels passent à 20000 + (5000/5) = 21000 K€/an.
Le point mort passe à (21000 K€/200 €) = 105000 unités par an.
Les ventes passent à 110000 × 1.05 = 115500 unités par an.
Le résultat prévisionnel passe à (115500 – 105000) × 200 € = 2100 K€/an.

Ce projet augmente les frais fixes et majore la MSCVu par augmentation du prix de vente.
Les ventes augmentent.

b. Les frais fixes annuels passent à 20000 + (3 × 500/5) = 20300 K€ par an.
Les coûts variables unitaires passent à 800 – 5 % = 760 € par unité.
La MSCVu passe à 1000 – 760 = 240 € par unité.
Le point mort passe à (20300000/240) = 84.583 unités par an (arrondi).
Le résultat prévisionnel passe à (110000 – 84583) × 240 = 6100 K€ par an (arrondi).

Ce projet augmente les frais fixes et majore la MSCVu par diminution des frais variables.
Les ventes n'augmentent pas.

c. Les frais fixes annuels passent à 20.000 – 1 % = 19800 K€ par an.
Les coûts variables unitaires passent à 800 – 1 % = 792 € par unité.
La MSCVu passe à 1000 – 792 = 208 € par unité.
Le point mort passe à (19800/208) = 95.192 unités par an (arrondi).
Le résultat prévisionnel passe à (110000 – 95192) × 208 = 3080 K€ par an (arrondi).

Les frais fixes et variables baissent, la MSCVu augmente.
Le point mort baisse, les ventes sont inchangées.

Conclusion : le tiercé est donc, dans l'ordre, b, c et a (de toute façon, vous le touchiez au pire dans le désordre !).

❸ DEF

a. MSCVu = (1750 – 1500) = 250 € par rame.
Point mort = 2500/250 = 10 rames par jour = 300 rames par mois.
Résultat prévisionnel = (330 - 300) × 250 = 7500 € par mois.
Attention à ne pas mélanger les jours et les mois!

b. La MSCVu passe à 1700 – 1500 = 200 € par rame.
Le nouveau point mort PM satisfait donc à l'égalité (330 – PM) × 200 = 7500.
PM est donc égal à – ((7500 / 200) – 330) = 292,5 rames par mois.
Les Coûts Fixes (C.F.) satisfont à l'égalité C.F./200 = 292,5.
Les coûts fixes s'élèvent à 292,5 × 200 = 58,5 K€ par mois, soit 1950 € par jour.
Vérifions :
Nouveau point mort = 1950/200 = 9,75 rames par jour = 292,5 par mois.
Nouveau résultat = (330 - 292,5) x 200 = 7500 € par mois.

c. Il faut baisser les frais variables unitaires du même montant que le prix unitaire, soit 50 €.
Les frais variables unitaires doivent baisser à 1450 € par rame.
Vérifions :
MSCVu = 1700 - 1450 = 250 € par rame,
PM = 2500/250 = 10 rames par jour, 300 par mois,
Résultat = (330 - 300) x 250 = 7500 € par mois.

Conclusion : dans cet exercice, pour garder le même niveau de résultat (7500 par mois), à quantités vendues égales, quand le PV unitaire baisse de 2,86 % (de 1750 à 1700) :
Il faut baisser les frais fixes de 22 %, ou
Il faut baisser les frais variables unitaires de 3,33 %.

❹ Canada Erable

Le point mort annuel est de 1200 × 12 mois = 14400 bouteilles par an. Elle perd si elle n'en vend que 14000, elle gagne pour 15000.

La méthode des coûts complets

Nous venons d'étudier la méthode des coûts variables avec ses variations autour du point mort. Son principal inconvénient – et le seul d'ailleurs – est de n'être pas complet, puisqu'il ne contient pas par définition les coûts fixes.
Vous avez donc compris où nous voulons maintenant arriver, à savoir une méthode de calcul des coûts qui intègre à la fois les coûts variables et les couts fixes, c'est à dire tous les coûts. C'est l'objet de la méthode des coûts complets :

PAS DE COÛT INDIRECT POUR LE COÛT VARIABLE

Par exemple, calculer que le coût unitaire de revient variable est de 2.00€ par pizza, 3.00€ pour la quiche et 4.00€ pour la tourte n'a nécessité aucune répartition de coûts indirects

$$\text{Coût de revient unitaire COMPLET d'un produit pendant une période} = \frac{\text{Total des coûts de revient FIXES ET VARIABLES pour ce produit pendant la période}}{\text{Quantité de ce produit passées en production pendant cette période}}$$

Mais si le principe est simple, à la fois son application et son interprétation vont être compliqués.

Le coût complet et la répartition des coûts indirects

Vous rappelez, je l'espère, les réserves que nous avions faites ensemble sur le point particulier des coûts indirects qui nécessitent d'être répartis via des clés de répartition sur les différents produits : ces répartitions ne valent rien si les dites clés ne sont soit ni fiables ni pertinentes.
Dans la méthode des coûts variables, nous n'avons été confronté à cette difficulté que dans le calcul du point mort et du résultat, puisqu'il fallait alors répartir le coût fixe du camion entre les différentes gammes de tartes. Mais le calcul du coût variable de revient en lui-même n'a nécessité aucune répartition.
Calculer maintenant le coût complet d'un produit revient à intégrer des coûts les plus souvent indirects, dans notre exercice de pizzaïolo le coût du camion. Le résultat va donc dépendre de la clé de répartition choisie. Le tableau suivant détaille le coût de revient unitaire complet d'une pizza selon les deux méthodes de répartition du coût fixe indirect du camion que nous avons précédemment utilisées (dans l'hypothèse de la promotion et des 70 pizza produites de la page 110) :

DES COUPLES DE COÛTS

Les coûts variables (matière, énergie, etc.) sont quasiment exclusivement directs, en ce sens qu'ils sont affectables au produit sans passer par une clé de répartition.
Par contre, les coûts fixes (machines, hommes, frais de structure) sont le plus souvent indirects.

		Répartition du camion	
		au 1/3	au % du CA
Coûts variables	Par pizza	2,00 €	2,00 €
	Total	140,00 €	140,00 €
Coûts fixes	Camion	30,00 €	41,00 €
	Four	4,00 €	4,00 €
	Total	34,00 €	45,00 €
Coût complet	Total	174,00 €	185,00 €
	Par pizza	**2,49 €**	**2,64 €**

IMPORTANCE DE LA CLÉ DE RÉPARTITION DES COÛTS INDIRECTS

Le coût de revient complet dépend des clés de répartition utilisées dans la ventilation des coûts indirects. Changer la clé de répartition fait varier ce coût, toutes choses étant égales par ailleurs

Dans cet exemple, le coût de revient complet de la pizza est donc de 2,49 € en répartissant le coût du camion selon la règle forfaitaire des 1/3 et 2,64 € selon la répartition au prorata du CA. La différence est de taille, pourtant la réalité est exactement la même.

Mais ça se complique encore. Puisque la clé de répartition dépend du CA, tout changement de CA va modifier la clé et donc le coût des produits, sans que la structure et le montant des coûts ait varié d'un iota. Hum, vous suivez?

Vous avez ainsi compris qu'un calcul de coût n'a de justification que si les diverses clés de répartition sont bien choisies. La règle en la matière et puisque nous parlons d'analyse des coûts dans un but de décision économique, est de rester au plus près du processus réel de fabrication et d'être un tant soit peu logique.

Pour répartir les coûts du camion, Mme CordonBleu avait décidé forfaitairement d'en affecter 1/3 à chaque tarte. C'était simple, mais injuste pour les tourtes et très avantageux pour les pizzas. Nous avons ensuite choisi le prorata par rapport au CA. C'était plus juste et encore assez simple. Nous aurions pu aussi choisir le temps de préparation comparé des différents produits, ce qui était certainement plus exact, mais aussi, nettement plus compliqué.

Le choix des clés de répartition de nos coûts indirects doit donc prendre en compte les intérêts souvent contradictoires de la précision des résultats et de la simplicité.

COPROPRIÉTÉ

Quiconque a participé à une assemblée de copropriétaire a certainement été confronté à l'épineuse répartition du coût de l'ascenseur entre ses utilisateurs, selon l'étage, la surface, etc., sans compter ceux qui rouspètent parce qu'ils montent toujours à pied alors que le médecin du 2e reçoit beaucoup de patients. C'est typiquement un problème de répartition de coûts indirects, qui ne se poserait pas si chacun avait son ascenseur !

ATTENTION À LA CONFUSION !

Si vous n'y prenez garde, votre système de répartition des coûts indirects risque rapidement de ressembler à ceci :

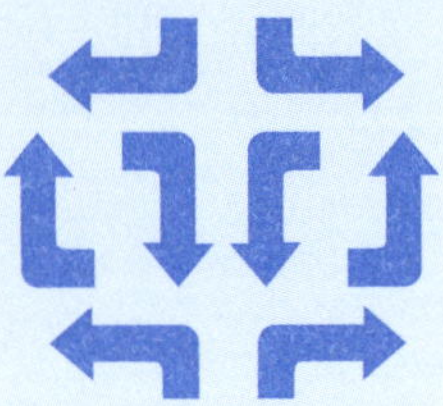

EXERCICE 23 (solution p 165)

Par exemple, que prendriez-vous comme **clé de répartition** dans le cas d'une grande entreprise pour :

• Les frais de la direction générale,
• Les frais du service informatique,
• Les frais du service chargé de la reprographie,
• Les frais du service commercial,
• Les frais du service du personnel (pardon, des ressources humaines!),
• Le loyer du siège social?

En fait, beaucoup de solutions sont à chaque fois recevables, même si certaines sont préférables. Là encore, pas de religion, l'important est que la clé choisie soit :

1. pertinente (représentative de la réalité),
2. Indiscutable (en tout cas le plus possible),
3. Mesurable (évidemment),
4. Adaptée aux enjeux (pas la peine d'écraser une mouche avec un marteau piqueur, ni de monter une «usine à gaz» pour répartir des clopinettes!).

BATAILLE D'EXPERTS

Avec toutes ces difficultés de répartition des coûts indirects, vous imaginez aisément que 10 experts en calcul de coûts aboutiront chacun à 10 résultats différents, chacun défendant mordicus que son calcul est le bon!

Le coût complet varie en fonction du niveau de production

Comme vous êtes maintenant des spécialistes ès-comptabilité analytique, vous vous rappelez que la méthode des coûts complets allait aboutir à des coûts de revient unitaires variables en fonction du niveau de production, par le simple fait que les coûts fixes y sont maintenant intégrés. Pour bien nous en convaincre, reprenons les calculs de notre tableau de la page 117 en faisant varier la production et les ventes à successivement 140 puis 35 pizzas seulement (dans l'hypothèse de répartition des coûts indirects du camion selon la règle des 1/3) :

		Dans l'hypothèse de répartition des coûts indirects du camion au 1/3		
Nombre de pizzas		70	140	35
Coûts variables	Par pizza	2,00 €	2,00 €	2,00 €
	Total	140,00 €	280,00 €	70,00 €
Coûts fixes	Camion	30,00 €	30,00 €	30,00 €
	Four	4,00 €	4,00 €	4,00 €
	Total	34,00 €	34,00 €	34,00 €
Coût complet	Total	174,00 €	314,00 €	104,00 €
	Par pizza	2,49 €	2,24 €	2,97 €

En clair, le coût de la pizza passe de 2.97€ avec une faible production à 2.24€ en plein boom. Certes, dans cet exemple, cette variation du coût de production selon le niveau de production n'est pas dramatique, d'autant qu'il est assez probable que notre pizzaïolo ne s'amuse probablement pas à de tels calculs... Mais si nous transposons ce raisonnement au cas d'une grande entreprise, on conçoit très vite les complications qui vont être engendrées : comment en effet expliquer à un commercial que ce mois-ci la production a baissé, que par conséquent le coût de revient unitaire a monté et que par conséquent toujours il va falloir qu'il vende le produit plus cher de façon à maintenir ses marges? Pas sûr que notre explication à base de coûts fixes le convainque totalement!

Il nous faudrait donc trouver une nouvelle méthode de calcul des coûts de revient, qui soit d'une part complète (c'est-à-dire prenant en compte tous les coûts) et également indépendante des variations de niveaux de production. D'ou cette dernière méthode, ou plutôt la dernière que nous étudierons, la méthode des coûts standards.

FIXE, VARIABLE ET RÉCIPROQUEMENT

Un coût variable unitaire est simple à calculer et fixe, mais n'est pas complet.
Un coût complet unitaire est complet, mais compliqué à calculer, toujours discutable et en plus variable en fonction de l'activité.
Vous suivez?

La méthode des coûts standards

L'idée de la méthode des couts standards est de tenter l'alliance entre les qualités respectives de nos deux méthodes précédentes : coût complet comme dans la méthode du même nom et coût unitaire indépendant du niveau de production comme dans la méthode des coûts variables. Mais malheureusement en ajoutant un défaut qui n'y était précédemment pas...

Le principe est le suivant :

1. En début de période, on estime le niveau de production qui sera atteint pendant cette période.
2. On estime également le total des coûts (directs et indirects, fixes et variables) qui sera nécessaire à l'atteinte de ces objectifs.
3. On en déduit donc le coût estimatif du produit pendant la période à venir, qu'on appelle coût standard. Ce coût est complet (puisque tous les coûts sont comptés) et fixe unitairement, puisque ni le numérateur ni le dénominateur de la formule de calcul ne change :

$$\text{Coût de revient unitaire STANDARD d'un produit pendant une période} = \frac{\text{Total des coûts de revient ESTIMÉS pour ce produit pendant la période}}{\text{Quantité ESTIMÉE de ce produit passées en production pendant cette période}}$$

Mais vous avez compris la ficelle du calcul : ce coût n'est pas réel, puisqu'on part d'hypothèses prévisionnelles de coût et de production ! C'est donc un artifice, une pirouette, mais une pirouette indispensable pour obtenir un coût à la fois complet et stable, indispensable à la gestion d'une grande entreprise. Mais il ne faut jamais oublier qu'il s'agit d'un coût théorique, budgétaire et qui oblige à tout un tas de contrôles en parallèle pour vérifier constamment que ce coût théorique ne s'éloigne pas trop du coût réel, calculé à partir des coûts et des productions réellement constatés :

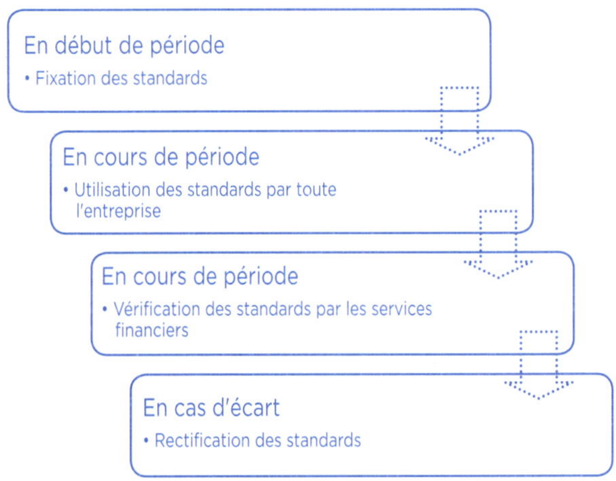

Autant dire que ce système ne brille pas par sa simplicité...
Pour autant, il est très utilisé, ne serait-ce que parce qu'il fournit un coût de revient de référence, même s'il n'est pas réel !

QUASI UNIVERSEL

Malgré son défaut principal (il n'est pas réel), le coût standard est universellement adopté pour ses qualités : il est complet et ne varie pas en fonction du niveau de production.

Si vous ne deviez retenir que ceci sur les méthodes des coûts complets et des coûts standards

La méthode des coûts variables, si elle présente l'énorme avantage d'être généralement simple à mettre en œuvre, ne permet pas de connaître le coût final unitaire de revient d'un produit.

La méthode des coûts complets intègre au coût d'un produit l'ensemble des coûts qui concourent à son élaboration, fixes et variables, directs et indirects. Rappelons qu'un coût est fixe quand il ne varie pas en fonction de la production (salaires, amortissements, loyers…) et variable dans le cas inverse (matière, énergie…), et qu'un coût est dit indirect quand il participe à l'élaboration de plusieurs produits (cas des services généraux notamment) et direct sinon.

Ce coût complet unitaire présente toutefois deux défauts majeurs : il nécessite des répartitions de coûts indirects complexes, souvent obscures et rarement objectives. Ensuite, il varie selon le niveau de production constaté à cause de la présence de coûts fixes.

La méthode des coûts standards, elle, consiste à fixer en début de période un coût de revient unitaire prévisionnel. Ce coût intègre bien tous les coûts de l'entreprise et ne varie par définition pas ; il est donc un excellent point de repère pour la gestion de l'entreprise pendant la période, à la condition sine qua non qu'elle vérifie avec la plus grande vigilance que le coût réel constaté ne s'éloigne pas du standard.

Le schéma ci dessous reprend les principales caractéristiques des différentes techniques de calcul de coût de revient unitaire :

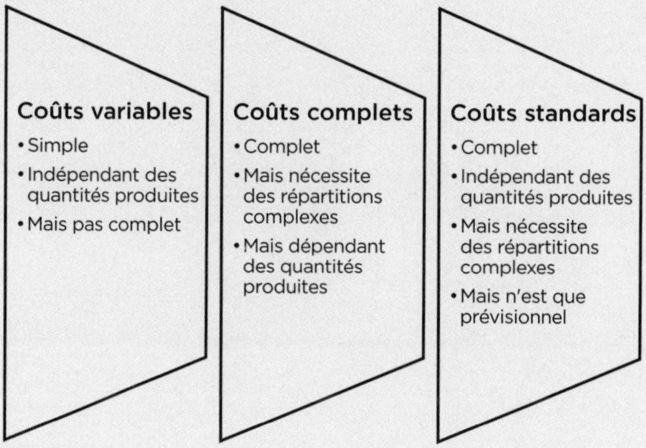

Do it yourself… de coûts complets

Vous avez compris que la comptabilité analytique et particulièrement la méthode de calcul d'un coût de revient unitaire complet oblige à manipuler pas mal de chiffres, délicat euphémisme, la calculette voire le tableur est quasiment indispensable.

Mon intention n'est pas toutefois de vous noyer dans un exercice trop compliqué (de toutes façons, je n'aurais jamais l'assurance que vous le ferez !).

Aussi vais-je simplement vous proposer de terminer définitivement notre exercice de pizza conseil. Aussi, auriez-vous l'amabilité de :

1. Calculer le coût de revient unitaire de chaque tarte dans l'hypothèse de l'opération promotionnelle de la page 110 (avec une répartition des coûts indirects du camion au prorata du CA).
2. En déduire la marge unitaire et le résultat par gamme de tarte.

L'exercice n'est pas bien compliqué pour qui sait s'y prendre. Si ce n'est pas le cas, vous pouvez vous inspirer des tableaux ci dessous, dans lesquels les cases grisées sont à remplir.

Calcul du CA (pour la répartition des coûts indirects du camion)					
		Pizza	Quiche	Tourte	Total
Quantité	1	70	12	35	-
Prix de vente	2	4,00 €	6,00 €	7,20 €	-
CA	3=1*2				- €
Prorata	4				0%

Calcul du coût de revient unitaire complet						
			Pizza	Quiche	Tourte	Total
Coûts variables	Unitaire	5	2,00 €	3,00 €	4,00 €	-
	Total	6=5*1				- €
Coûts fixes	Four	7	4,00 €	3,00 €	2,00 €	9,00 €
	Camion	8(prorata4)				90,00 €
	Total	9=7+8				- €
Coûts totaux		10=6+9				- €
Coût unitaire de revient		11=10/1				

Calcul de la marge unitaire et du résultat					
		Pizza	Quiche	Tourte	Total
Prix de vente	2	4,00 €	6,00 €	7,20 €	-
Coût unitaire de revient	11				-
Marge unitaire	12=2-11				-
Résultat	13=12*1				

Les cases grisées sont à remplir !

Do it yourself… de coûts complets : la solution

Cette solution n'est bien évidemment qu'une proposition, plusieurs méthodes de calcul et/ou de présentation sont possibles. Néanmoins les résultats (coût de revient unitaire complet par tarte et résultat par tarte et total) sont indiscutables, tout au moins avec les hypothèses de vente, de production et de répartition des coûts indirects…
Remarquez également que le résultat total de l'entreprise est de 189 €, conformément au précédent calcul que nous avions effectué page 110. Ouf !

Calcul du CA (pour la répartition des coûts indirects du camion)					
		Pizza	Quiche	Tourte	Total
Quantité	1	70	12	35	-
Prix de vente	2	4,00 €	6,00 €	7,20 €	-
CA	3=1*2	280,00 €	72,00 €	252,00 €	604,00 €
Prorata	4	46%	12%	42%	100%

Calcul du coût de revient unitaire complet						
			Pizza	Quiche	Tourte	Total
Coûts variables	Unitaire	5	2,00 €	3,00 €	4,00 €	-
	Total	6=5*1	140,00 €	36,00 €	140,00 €	316,00 €
Coûts fixes	Four	7	4,00 €	3,00 €	2,00 €	9,00 €
	Camion	8(prorata4)	41,00 €	11,00 €	38,00 €	90,00 €
	Total	9=7+8	45,00 €	14,00 €	40,00 €	99,00 €
Coûts totaux		10=6+9	185,00 €	50,00 €	180,00 €	415,00 €
Coût unitaire de revient		11=10/1	2,64 €	4,17 €	5,14 €	-

Calcul de la marge unitaire et du résultat					
		Pizza	Quiche	Tourte	Total
Prix de vente	2	4,00 €	6,00 €	7,20 €	-
Coût unitaire de revient	11	2,64 €	4,17 €	5,14 €	-
Marge unitaire	12=2-11	1,36 €	1,83 €	2,06 €	-
Résultat	13=12*1	95,00 €	22,00 €	72,00 €	189,00 €

L'IMPACT D'UNE CLÉ DE RÉPARTITION

Si le résultat global obtenu ici est le même que celui de la page 110 (189€), sa répartition entre les différentes tartes n'est évidemment pas la même puisque nous n'avons pas utilisé la même clé de répartition du coût indirect que constitue le camion ; les résultats de la pizza et de la tourte se dégradent dans le nouveau calcul lorsque seule la quiche tire son épingle du jeu.

Un exemple à ne pas suivre

Cet exercice a pour but, une fois de plus, de vous inciter à réfléchir plutôt qu'à utiliser des calculs compliqués et faux.

Nous venons de créer une structure de formation continue. Nous organisons des stages de courte durée sur le thème générique de la gestion en entreprise.

Le fonctionnement d'un stage est le suivant :
1. les stagiaires payent un prix à la journée;
2. l'entreprise supporte des coûts de :
   a. animateur,
   b. divers frais variables (repas, documents),
   c. quote-part des frais du bâtiment dont nous sommes propriétaires.

Les chiffres sont les suivants :

Prix facturé par stagiaire et par jour	**800 €**
Coût fixe d'animateur par jour	**4 000 €**
Frais variables par stagiaire et par jour	**100 €**
Quote-part fixe du bâtiment par jour	**2 000 €**

Raisonnez coûts variables ou complets, et MSCV.

EXERCICE 24 (solution page 166)
Pouvez-vous me dire si vous organisez le stage sur une journée, si vous avez respectivement 10, 8 ou 6 stagiaires?

GESTION BUDGÉTAIRE

Jusqu'à présent, aussi bien en comptabilité générale qu'analytique, et dans une moindre mesure en analyse financière, nous travaillions essentiellement sur la réalité, sur des faits, sur le passé.
Il s'agit maintenant de passer à la prospective, à la prévision.
Tous les outils que nous avons développés vont nous y aider : la connaissance de la réalité aide à préparer l'avenir.
Nous tâcherons d'éviter tous les pièges de la gestion budgétaire (difficulté à évoluer, immobilisme, voire sclérose) pour poser les jalons d'une gestion prévisionnelle souple, efficace et motivante.

Pourquoi les budgets ?

LES PRÉVISIONS ET LA RÉALITÉ

Le budget est issu de l'expérience du passé et de la volonté de le faire évoluer.
La confrontation des prévisions budgétaires avec la réalité permet de dégager des écarts.
Ces écarts, analysés et décortiqués, amènent à prendre des mesures pour corriger les actions entreprises ou pour rectifier le budget.

« Gouverner, c'est prévoir. »
Cette maxime bien connue permet de mettre le budget au centre du système de gestion de l'entreprise.
Il est élaboré par et pour tous les services, sous la coordination du contrôle de gestion et sous la responsabilité finale de la direction générale.
Son schéma général de fonctionnement est le suivant :

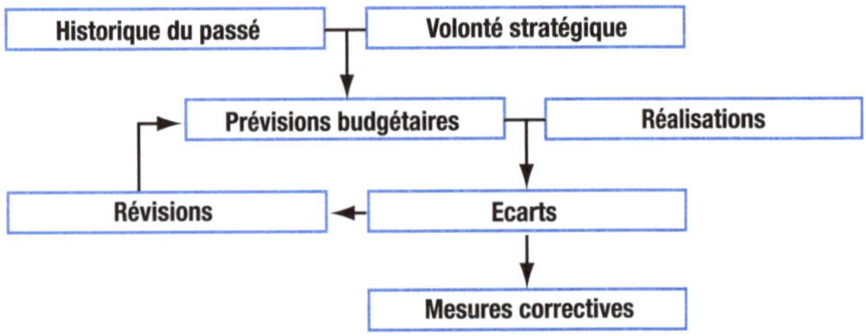

Le processus budgétaire est donc essentiellement réactif (car *conçu pour provoquer des réactions aux inévitables écarts constatés*).
Il n'est pas possible de donner des méthodes « toutes prêtes » d'élaboration du budget dans les entreprises : il y en a autant que d'entreprises.

Mais il est possible de donner quelques lignes directrices :

1. Il concerne toute l'entreprise, de la direction générale aux services de distribution et de SAV en passant par le marketing (et le bureau des petites fournitures).
2. Il n'est pas que comptable (bilan et compte de résultat, créances et dettes, produits et charges), mais contient également des informations *non comptables* relatives aux différents domaines de l'entreprise et à ses différentes priorités : effectif, contrôle qualité, part de marché, taux de pénétration, indice de notoriété…
3. Enfin, le budget peut revêtir des aspects assez différents dans ses effets selon la façon dont il est élaboré.

Pour être caricatural, il y a deux grandes philosophies dans l'élaboration d'un budget :

- La première s'appuie essentiellement sur une *conception de répétition* de l'histoire ; le budget y est déduit des données historiques et de ce que l'on connaît déjà ; l'avantage est qu'on ne se trompe guère ; l'inconvénient, majeur, est de ne guère prédisposer au changement ni aux mutations inévitables et nécessaires à l'entreprise.

- La seconde, appelée BBZ pour Budget Base Zéro, consiste à faire abstraction du passé et à bâtir un *budget « ex nihilo »*, uniquement en fonction des objectifs qu'on veut atteindre. Beaucoup plus volontaire, ce type de budget risque d'être totalement irréaliste.

L'idéal sera en l'occurrence de « mixer » les deux approches et surtout de se garder de toute approche dogmatique, ici comme ailleurs !

Fabrication d'un budget type

Bien qu'il soit difficile de tenter de proposer une méthode adaptable à toutes les sociétés, je vous propose le schéma suivant :

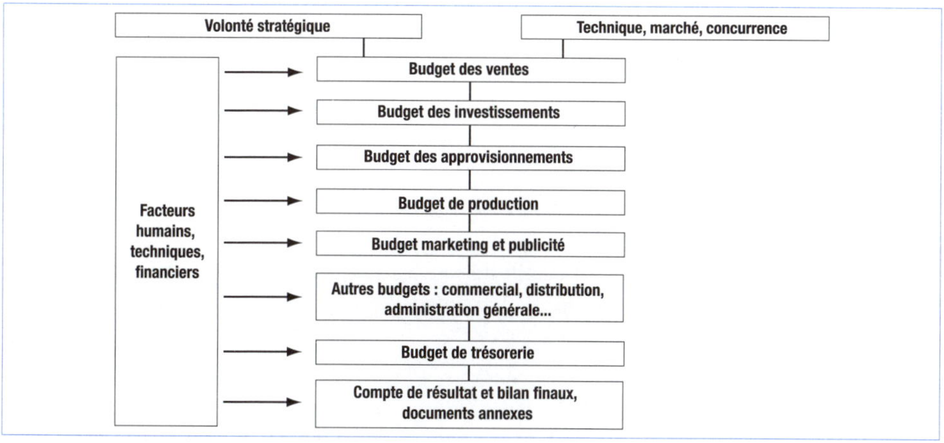

L'ordre et le déroulé des tâches n'est évidemment pas innocent et fait sens :

1. Le budget initial, essentiel, est celui des ventes : que veut-on vendre, à qui, en quelles quantités, à quel prix ? Cet objectif fixé, les autres budgets vont découler logiquement.
2. Avons-nous les moyens d'assurer l'offre face à la demande que nous allons susciter : budgets des investissements et de la production (incluant celui des approvisionnements) ?
3. Comment assurer la perennité et l'avenir de la société : budget de la recherche et du développement ?
4. Comment effectivement vendre ce que nous allons produire : budgets marketing et commercial, avec l'ensemble des dépenses de communication, distribution et force de vente ?
5. Enfin, seulement, les autres budgets de frais généraux (administratif, financier, frais de siège, etc.).
6. La procédure se termine par l'établissement d'un compte de résultat et d'un bilan prévisionnel. Ce bilan, en bons analystes

À noter que le budget doit être réfléchi essentiellement en fonction des objectifs stratégiques de l'entreprise, et que la première question à se poser est dans ce cas : que puis-je, et à quel prix, vendre (et non produire) ? Ceci n'est d'ailleurs que du bon sens...

financiers que nous sommes, va éventuellement montrer quelques déséquilibres, l'autofinancement généré par l'exploitation de l'entreprise n'étant pas suffisant pour contrebalancer les besoins de financement dûs aux investissements et à la croissance du BFR. Il faut alors chercher de nouveaux modes de financement (augmentation de capital et/ou emprunt) et, en cas d'impossibilité, revoir l'ensemble du budget à la baisse : moins de ventes, moins de production, moins de frais, etc. Et donc moins de besoins de financement et au bout du compte un budget financièrement équilibré.

Budgets : du pour et du contre…

Les avantages que l'entreprise trouve dans le système budgétaire sont nombreux :

- La phase de préparation permet de réfléchir, de s'arrêter de courir, de formaliser des idées, bref de faire le point pour savoir où avancer.
- La phase d'élaboration et de concrétisation va amener à réfléchir sur l'organisation de l'entreprise, sur l'adéquation des moyens, sur l'optimisation des potentiels, sur tout un tas d'habitudes et de lieux communs devenus naturels bien que parfois critiquables voire néfastes.
- Au plan externe, le processus budgétaire va aider l'entreprise à se placer sur l'échiquier des relations avec la concurrence et les différents partenaires économiques, commerciaux, politiques, financiers et sociaux de l'entreprise.
- Lors de la confrontation de la réalité avec les prévisions, le bénéfice sera double :
  a. D'abord éviter les dérapages et apporter les mesures correctives.
  b. Ensuite susciter la réflexion sur les origines du décalage.

UN PEU DE PHILO

« Il n'y a pas de vent favorable pour celui qui ne sait où il va. » Sénèque

LE BUDGET VA PERMETTRE :

- de formaliser les objectifs et les moyens de l'entreprise,
- de poser les jalons de l'avenir et de lever l'incertitude sur l'inconnu,
- de se remettre en cause dans ses méthodes.

Bref, tout est parfait !

Je me permets quand même de vous mettre en garde sur quelques difficultés et effets pervers !

1. D'abord, pour être efficace, un budget doit être « **vendu** » à tous les acteurs de l'entreprise sinon il sera perçu plus comme une contrainte que comme un élément de progrès.

❷ Ensuite, le budget peut facilement dériver vers l'**alibi** qui pousse à faire les choses «parce qu'elles sont prévues» et non parce qu'elles sont utiles.

❸ Enfin, *last but not least*, le budget peut mettre des **œillères** à l'entreprise et l'amener à négliger et à refuser des opportunités exceptionnelles ou simplement intéressantes parce que «ce n'est pas prévu» et que «nous avons consommé déjà nos enveloppes budgétaires».

Le budget est mort, vive le budget?

De plus en plus d'économistes, et d'entreprises, remettent en cause le budget tel que nous le connaissons.

Pour résumer, la critique – déjà formulée page précédente –, est la suivante :
«Le budget est trop contraignant; il paralyse les acteurs de l'entreprise qui n'osent plus prendre d'initiative de peur de "sortir" de leur enveloppe; il empêche l'entreprise de surfer sur la vague quand celle-ci se présente.»

Une nouvelle école se développe actuellement, surtout parmi le monde anglo-saxon et nordique.
Son principe consiste à dissocier les deux fonctions du budget, l'information prévisionnelle et l'évaluation de la performance :

❶ Les prévisions seront glissantes et souples et pourront donc être révisées, soit en fonction de choix de l'entreprise, soit du fait de l'évolution des contraintes extérieures (prix du baril de pétrole, par exemple…).
❷ L'évaluation de l'encadrement se fera toujours selon des critères strictement budgétaires, mais également des éléments autres (parts de marché, accidents du travail, brevets obtenus…).

EFFICACE

Un important constructeur automobile a calculé que son encadrement passait 20 % de son temps à faire, refaire et surveiller son budget!
Qui a dit «efficacité d'abord»?

Budgétons notre trésorerie

Il est très difficile, et plutôt rébarbatif, de proposer un exercice pratique de réalisation d'un budget.
Vous avez compris que l'ensemble des différents budgets de l'entreprise (vente, production, frais généraux…) sont étroitement imbriqués et qu'un exercice sur ce sujet serait très vite complexe; ce n'est pas la philosophie de cet ouvrage.
Je vous propose simplement de faire un exercice de budgétisation de trésorerie.

Ceci aura au moins deux intérêts :

1. La trésorerie se trouvant au début et à la fin de la chaîne financière, nous y trouverons un excellent outil de synthèse.
2. Vous rapprochant de la fin de cet ouvrage, vous y trouverez certainement l'occasion de «reboucler» par rapport à vos préoccupations personnelles !

La logique du budget de trésorerie

Budgéter sa trésorerie impose de passer de la logique «quand ceci se produit-il ?» à celle-ci : «quand ceci a-t-il une incidence en trésorerie ?».

En comptabilité générale, jusqu'à présent, nous raisonnions «date de survenance» : les événements étaient enregistrés quand ils se produisaient, peu importe quand la contrepartie financière (encaissement ou décaissement) se passait, si elle se passait.
Nous comprenons que notre logique en matière de budget de trésorerie va être inversée, seule la date d'encaissement ou de décaissement nous important.
Nous allons donc être contraints à des redressements.

Redressements sur le compte de résultat

Nous savons déjà que (MBA, vous vous souvenez ?) les dotations aux amortissements et aux provisions ne sont pas décaissables ; nous ne les prendrons pas en compte dans notre budget de trésorerie.
Pour tous les autres produits et charges, nous les «décalerons» dans le temps en fonction des délais de paiement et d'encaissement.

Par exemple, une vente effectuée le 15 juin à 60 jours sera encaissée vers le 15 août, en plein week-end du même nom...

Renseignements sur l'évolution de notre bilan

Pour bâtir notre budget de trésorerie, nous aurons besoin également d'informations concernant l'évolution de notre patrimoine financier (notre bilan) :

EXERCICE 25 (solution page 168)
Pouvez-vous lister les principaux éléments provenant du bilan qui auront une incidence sur notre budget de trésorerie ?
Par exemple, une décision d'investir (poste Immobilisation).

Récapitulatif

Le tableau ci-dessous résume les principaux éléments à prendre en compte lors de l'établissement de notre budget de trésorerie :

Compte de résultat
Ensemble des produits
moins
ensemble des charges
(dotations aux amortissements et provisions exclues)

↓

Budget de trésorerie
avec prise en compte des dates effectives
d'encaissement et de décaissement

↑

Eléments financiers
Investissements, désinvestissements
Emprunts, remboursements d'emprunts
Encaissements de créances antérieures
Décaissements de dettes antérieures

Un exercice pratique

L'énoncé

Vous disposez des informations suivantes pour les premiers mois de l'année N (en K€) :

Compte de résultat prévisionnel

	Janvier	Février	Mars	Avril	Total
Ventes	100	110	120	150	480
Salaires	50	50	50	55	205
Achats matière	20	30	20	40	110
Dotation amts prov	15	15	15	15	60
Autres charges	10	10	20	40	80
Résultat	5	5	15	0	25

Il s'agit là d'un compte de résultat simplifié.

Par ailleurs, vous savez que :

1. Les clients règlent 30 jours plus tard.
2. Les achats de matière sont payés à 60 jours (2 mois plus tard).
3. Les autres charges et les salaires sont payés comptant.

Nous voilà informés sur les règles de décalage des encaissements et des décaissements.

De plus :

1. Les créances clients au 31/12/N-1 sont de 95.
2. Les dettes fournisseurs au 31/12/N-1 sont de 60.
3. Vous prévoyez d'investir dans une machine pour 40 payables en avril N.
4. Le solde de trésorerie est de 15 au 31/12/N-1.

Enfin, voici les éléments hors exploitation, provenant du bilan et ayant un impact sur notre budget de trésorerie.

Travail à faire : présenter le budget de trésorerie correspondant.

Corrigé de l'exercice

Observez bien la logique de ce tableau, qui reprend, pour chaque mois, le solde de début de mois, les encaissements - et leur total -, les décaissements - et leur total - et le solde de fin de mois.
Pour chaque mois, le solde de fin est égal au solde de début, augmenté des encaissements et diminué des décaissements.
Le solde de début de chaque mois est égal au solde de fin du mois précédent.
Les calculs s'enchaînent ainsi au mois le mois.

Budget de trésorerie prévisionnel					
	Janvier	Février	Mars	Avril	Total
Solde début de mois	15	20	30	50	15
Ventes		100	110	120	330
Créances clients	95				95
Total encaissements	95	100	110	120	425
Salaires	50	50	50	55	205
Achats matière			20	30	50
Autres charges	10	10	20	40	80
Dettes fournisseurs	30	30			60
Investissement				40	40
Total décaissements	90	90	90	165	435
Solde fin de mois	20	30	50	5	5

Au plan des encaissements :
Les ventes sont « décalées » d'un mois, car les clients payent un mois plus tard.
Remarquez le positionnement des créances clients de 95 en janvier, qui vient « combler » le vide de la ligne d'au-dessus !

Au plan des décaissements :
Remarquez que les dotations aux amortissement et aux provisions n'apparaissent pas.
Les salaires et autres charges, payés comptant, ne sont pas « décalés ».
Les achats de matière sont, eux, décalés de 2 mois. Les dettes fournisseurs, correspondant aux achats de matière des mois de novembre et décembre N-1 (2 mois) sont forfaitairement coupés en deux parties égales pour les deux mois et payés donc en janvier et février, venant ainsi combler les vides de la ligne « achat de matière ».
Et voilà le travail !
Plutôt simple, n'est-ce pas ?
Par conséquent :

EXERCICE 26 (solution page 168)
Vous allez reprendre l'exercice de budget de trésorerie tel quel, sans rien modifier d'autre que l'élément suivant :
Vous réglez maintenant les achats de matière à 30j (contre 60j) et vous encaissez les clients à 60j (contre 30j).
C'est tout !
Observez et expliquez les différences !

Si vous ne deviez retenir que ceci sur la gestion budgétaire…

La gestion budgétaire est un des outils dont dispose l'entreprise pour formaliser l'avenir.

Elle consiste en :

1. une réflexion approfondie sur la stratégie de l'entreprise,
2. une « mise en chiffres » de ces objectifs (ventes, développement),
3. le chiffrage des moyens correspondants (production, commercial, administration, logistique…).

Elle impose de confronter régulièrement ces prévisions avec les réalisations, pour en déterminer des écarts et, surtout, en comprendre l'origine.
Est ainsi créée une « boucle de retour » entre la prévision et la réalité, indispensable pour le décideur et le gestionnaire responsables.
L'ensemble de ces éléments justifie à lui seul l'existence de la gestion budgétaire.
Attention toutefois à ne pas la laisser déborder de son rôle, pour en faire une sorte d' « épée de Damoclès » pesant au-dessus de chaque acteur de l'entreprise, au risque de paralyser en lui toute volonté d'action de progrès.

Do it yourself… de gestion budgétaire

Je vous propose un exercice de synthèse « à l'envers », du style : « Je vous donne la réponse, trouvez la question ! » Ou plutôt : je vous donne toute la réponse, et une partie seulement des hypothèses. À vous de trouver les hypothèses manquantes.

Voici la réponse :

Budget de trésorerie du dernier quadrimestre N					
	sept-N	**oct-N**	**nov-N**	**déc-N**	**Total**
Solde initial	**15**	**5**	**15**	**25**	**15**
Ventes		100	110	120	330
Clients au 31/08/N	85				85
Désinvestissement				50	50
Total encaissements	**85**	**100**	**110**	**170**	**465**
Achats de matières		60	80	80	220
Autres frais variables			5	10	15
Frais fixes	15	15	15	20	65
Remboursement emprunt		10			10
Fournisseur Matières	70				70
Fournisseurs Frais variables	10	5			15
Total décaissements	**95**	**90**	**100**	**110**	**395**
Solde final	**5**	**15**	**25**	**85**	**85**

Voici les hypothèses partielles :

Compte de résultat prévisionnel du dernier quadrimestre N					
	sept - N	oct - N	nov - N	déc - N	Total
Ventes	100	110	120	150	480
Achat de matières	60	80	80	90	310
Autres frais variables	5	10	15	25	50
Frais fixes	25	25	25	35	105
Résultat net	10	-5	0	10	15

Vous prévoyez en plus les données suivantes :

- Les ventes sont encaissées sous 30j.
- Les achats de matières sont payés sous 30j.
- Les frais variables sont payés sous 60j.
- Vente d'une machine-outil encaissable en décembre pour 50.
- Poste client au 31/08/N : 100.
- Remboursement d'emprunt de 10 en octobre.
- Poste fournisseurs au 31/08/N : 85.
- Achat de machine-outil : 100.

Mesdames et messieurs les Sherlock Holmes, à vous !

Do it yourself... de gestion budgétaire : la solution

❶ La ligne « ventes » s'alimente sans difficulté.

❷ La ligne « clients au 31/08/N » devrait s'élever à 100 ; puisque seulement 85 sont encaissés, *15 sont certainement des créances douteuses.*

❸ « Désinvestissement », « achat de matières » et « autres frais variables » : RAS.

❹ La ligne « frais fixes » n'est décaissée que pour un montant inférieur de 10 à la ligne correspondante du compte de résultat ; nous remarquons également qu'il n'y a pas de décalage ; en conséquence :

a. *les frais fixes sont payables comptant,*
b. il existe une *dotation aux amortissements et aux provisions de 10 par mois*, incluse dans la ligne « frais fixes » du compte de résultat.

❺ « Remboursement d'emprunt » : RAS.

❻ « Fournisseurs matières » et « fournisseurs frais variables » : les hypothèses sont globales (poste fournisseurs au 31/08/N de 85) et ne donnent pas la ventilation :

a. *matières payables en septembre : 70,*
b. *frais variables payables en septembre : 10,*
c. *frais variables payables en octobre : 5.*

❼ *La machine-outil de 100 sera payée en N + 1 !*

LA MESURE DE LA RENTABILITÉ DES INVESTISSEMENTS

La gestion budgétaire nous a fait entrer dans la dimension de la prévision en matière de gestion. Prévision à terme relativement proche, rarement au delà de l'année.
En matière d'investissement, tout se complique singulièrement : l'entreprise engage des moyens humains, financiers et techniques sur une durée beaucoup plus longue, le plus souvent largement supérieur à l'année. Et le succès n'est pas toujours au bout du chemin…
Il est donc indispensable d'asseoir sa décision sur des indicateurs les plus précis et objectifs possibles. Au programme de ce chapitre, parfois un peu ardu (mais impossible n'est pas gestionnaire) : tableau des recettes et des dépenses, retour sur investissement, valeur actuelle nette et taux interne de rentabilité.
Bonne découverte.

DIFFÉRENTS TYPES D'INVESTISSEMENT

Pour simplifier, nous pouvons classer les projets d'investissements en différentes familles :

- Gain de productivité (Gagner de l'argent en faisant des économies)
- Innovation et nouveaux projets
- Entretien (pour éviter les pannes)
- Mise aux normes et investissements dans la sécurité (souvent de caractère obligatoire)
- Qualitatif et confort (travailler mieux pour gagner plus)
- Financier pur (quand on a tout simplement de l'argent à placer)

La problématique de la mesure des investissements

Pour une entreprise comme pour un particulier, la problématique des investissements se résume au départ à ces deux questions : «combien ça coûte» et «combien ça rapporte». Y répondre n'est évidemment pas simple, notamment si on y ajoute deux dimensions fondamentales en matière d'investissement : la notion de temps et celle de risque.

Parlons d'abord du critère temps. Nous avons vu qu'un budget engage l'entreprise pour l'année et la lisibilité en est en général bonne, au moins acceptable. Un investissement, au contraire, engage nécessairement sur le long terme avec toutes les difficultés que cela présente, notamment en matière de qualité de prévision.

Ensuite, tout investissement recèle en lui-même une part de risque. D'abord parce qu'il engage sur le long terme et que personne peut prédire l'avenir avec une fiabilité de 100% (même 75% seraient remarquables, n'est-ce pas mesdames et messieurs les brillant(e)s économistes dont les erreurs de prévision de tout poil empliraient plus d'un trou de la sécu). Ensuite parce que la nature même d'un investissement est d'innover et de défricher l'inconnu.

À moins donc d'être kamikaze, tout investisseur doit réfléchir sur le risque inhérent à son projet et se poser la question «qu'est-ce que je risque de perdre si ça se passe mal?». Si son aversion au risque est forte (c'est-à-dire en clair si une non-réalisation du projet coulerait sa boîte), en toute logique il s'abstiendra.

Pour être clair, il n'existe pas de technique scientifique pour éluder cette question du risque. Il y aura en effet toujours un moment où il faudra se décider, quelque soit les précautions et les études que l'on réalise; c'est là d'ailleurs où l'on voit le véritable chef d'entreprise, celui qui est capable de voir plus loin que les autres, avec une véritable vison de l'avenir et de ce qu'il veut en faire.

Par contre, le rôle de la gestion est de fournir, tant faire se peut, des indicateurs les plus précis et objectifs possibles pour que la décision ultime soit a contrario la moins subjective possible. À notre programme : le tableau des recettes et des dépenses, le retour sur investissement, la valeur actuelle nette et enfin, last but not least, le taux interne de rentabilité. En avant!

Le tableau des recettes et des dépenses

Toute étude de rentabilité d'investissement passe d'abord par l'établissement du tableau des recettes et des dépenses ; ce tableau réunit, pour toute la durée de vie prévisible de l'investissement, les recettes (€ encaissés) et les dépenses (€ décaissés) liés au projet :

Tableau des recettes et des dépenses			
Période (mois, année...)	Flux de trésorerie		
	Recettes	Dépenses	Nets (recettes - dépenses)
1			
2			
3			
...			

L'élaboration d'un tel tableau est à la fois délicate et fondamentale. Une erreur ou une omission risque de faire passer un mauvais projet ou inversement, et ce qui n'est pas forcément moins grave, de faire refuser un bon projet. Il n'entre pas dans le cadre de cet ouvrage d'exposer les techniques ou les raisonnements qui peuvent aider à l'élaboration de ce tableau (pour autant que ces techniques et raisonnements existent, d'ailleurs). Contentons-nous ici de tracer quelques règles de base et garde-fous.

Au plan des dépenses, le risque est évidemment d'en oublier et de les sous-estimer. Il faut donc être le plus exhaustif possible, ce qui oblige à une certaine créativité et ce qui est d'autant plus difficile que le projet d'investissement est novateur et comporte des inconnues. Un autre piège dans ce chiffrage est d'omettre les coûts dits cachés, c'est à dire indirectement induits par le projet : par exemple si un projet nécessite de former du personnel, il ne faut pas oublier d'ajouter au coût de la formation proprement dite (locaux, formateur, frais divers) le salaire des stagiaires pendant la formation, car pendant qu'ils suivent la formation ils ne font pas autre chose.

FLUX ET STOCKS

Le vocabulaire de gestion oppose souvent les notions de Flux et de Stock. La première est dynamique, l'autre statique. Pour simplifier, un flux permet de constituer un stock. En matière de trésorerie personnelle, par exemple, vos salaires sont des flux (entrants) et vos dépenses des flux (sortants). Le solde de votre compte en banque est votre stock (d'€).

RAISONNER « TRÉSORERIE »

Nous ne faisons plus ici de comptabilité avec un raisonnement charges - produits. C'est maintenant le critère d'encaissement - décaissement qui importe !

MONSIEUR PLUS (ET MOINS)

Un «vendeur» de projet a naturellement tendance à surévaluer les recettes et à sous-évaluer les dépenses pur le rendre présentable. L'«acheteur» de projet, le financier, fera bien de corriger ces tendances par un coefficient de sécurité.

Chiffrer les recettes est un exercice souvent largement plus périlleux, et pas seulement par une tendance naturelle à les surestimer très largement pour rendre le projet plus rentable. Nombre de projets en effet ont une dimension immatérielle, du genre confort, qualité, amélioration des procédures, accélération des traitements, etc. qu'il est par nature très difficile de mesurer. Il faudra pourtant bien le faire car la logique financière, eh oui, va obliger à transcrire ces gains qualitatifs en € sonnants et trébuchants. Sans trop entrer dans le détail, ici encore, prenons quelques instants pour voir comment s'y prendre, par exemple pour imaginer les recettes que pourraient générer la mise en place dans une entreprise d'un réseau informatique en lieu et place d'ordinateurs indépendants :

- moins de ressaisies, moins d'erreur, plus de réactivité (à évaluer en fonction d'une économie de temps valorisée au coût d'un salarié moyen)
- moins de déplacement (à chiffrer par rapport aux dépenses réelles de déplacement)
- moins de risque de panne (à évaluer par rapport à une perte potentielle de CA)
- moins de consommation de papier si une imprimante est mise en réseau
- Etc.

2 PROJETS A ET B TRÈS DIFFÉRENTS DANS LEUR STRUCTURE

Ce tableau met en évidence des différences fondamentales entre A et B :
B est globalement 3 fois plus important que A, tant en recettes (3850 contre 1320) qu'en dépenses (3000 et 1000)
A rapporte régulièrement (120), B de plus en plus au fil du temps (de 100 à 600)
B «rapporte» 3 fois plus que A (850 contre 320)
Ce dernier argument *tendrait* à privilégier B.
Ce choix serait-il le bon ?
À suivre...

Le retour sur investissement (RSI)

Armé de notre tableau des recettes et des dépenses, nous voici prêts à découvrir notre premier indicateur de la rentabilité des investissements, à savoir le retour sur investissement, qui répond à la légitime question suivante : «au bout de combien de temps l'investissement est-il remboursé ?»
Pour éclairer notre propos, imaginons que nous travaillons pour une entreprise qui doit choisir entre deux projets d'investissements. Nos services techniques, commerciaux et comptables en ont dressé le tableau des recettes et des dépenses, dont voici le détail (en K€, les nombres négatifs sont des dépenses) :

Années	Projet A			Projet B		
	Recettes	Dépenses	Net	Recettes	Dépenses	Net
N	120	-800	-680	100	-2800	-2700
N+1	120	-20	100	150	-20	130
N+2	120	-20	100	200	-20	180
N+3	120	-20	100	250	-20	230
N+4	120	-20	100	300	-20	280
N+5	120	-20	100	350	-20	330
N+6	120	-20	100	400	-20	380
N+7	120	-20	100	450	-20	430
N+8	120	-20	100	500	-20	480
N+9	120	-20	100	550	-20	530
N+10	120	-20	100	600	-20	580
Total	**1320**	**-1000**	**320**	**3850**	**-3000**	**850**

Ce tableau devrait nous permettre facilement, avec quelques calculs complémentaires, de calculer ce retour sur investissement.

UN PREMIER INDICATEUR, LE RETOUR SUR INVESTISSEMENT (RSI)

Le RSI mesure une durée (le délai au bout duquel les débours sont remboursés).
Il ne préjuge pas de la rentabilité (en € ou en %) de l'investissement : rapporter vite ne signifie pas nécessairement rapporter beaucoup (c'est souvent même le contraire...)
On parle aussi pour faire chic de ROI (Return on investment) ou encore de RONA (Return on net assets). C'est pareil.

EXERCICE 27 (solution page 170)

À partir du tableau ci-dessous, effectuer quelques calculs complémentaires pour calculer les retours sur investissements des projets A et B, c'est-à-dire le moment où ces investissements deviennent respectivement rentables.

La Valeur Actuelle Nette (VAN)

Un tiens vaut mieux que deux tu l'auras. En finances, ça veut dire qu'un € d'aujourd'hui vaut plus qu'un € de demain (ou plus précisément qu'un € de demain vaut moins qu'un € d'aujourd'hui). C'est le principe même de l'actualisation, principe qui est au cœur du calcul de la VAN (et ultimement du taux interne de rentabilité comme nous le verrons).
Sans entrer dans les détails (assez complexes il faut l'avouer), sachez que l'actualisation fonctionne à l'envers d'un calcul d'intérêts composés classique (dans lequel on ajoute tous les ans un certain pourcentage – le taux d'intérêt –) : elle consiste à transformer un flux futur en flux actuel, en lui soustrayant autant de fois le même pourcentage (appelé taux d'actualisation) qu'il y a d'années (ou de périodes) entre le moment présent et la date de survenance de ce flux :

€ COURANTS ET € CONSTANTS

Les calculs d'actualisation consistent à transformer des € **courants** (ou futurs, ou de l'époque) en € **constants** (d'aujourd'hui) afin de pouvoir les comparer.

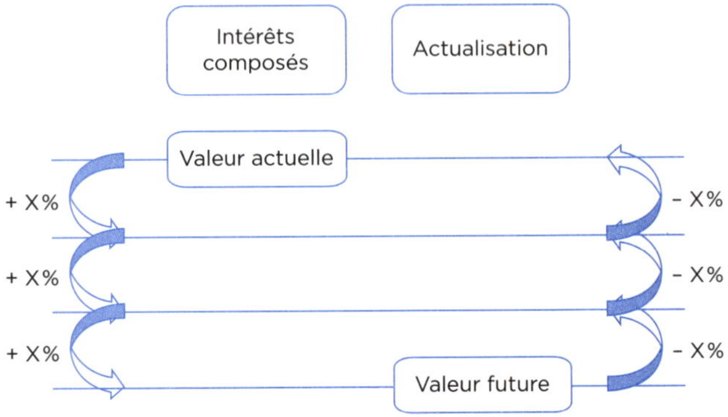

Résultat de l'opération : la valeur actuelle d'un flux futur sera d'autant plus faible que ce flux intervient à une période lointaine, ce qui correspond bien à l'idée de départ (un € de demain vaut moins qu'un € d'aujourd'hui).
Ce calcul d'actualisation est effectué sur chacun des flux du projet. On appelle alors Valeur actuelle nette (à X%) des flux futurs nets – c'est-à-dire en € courants – la somme des flux actualisés à X% – devenus par ce fait des € constants - :

VAN (X%) = somme des flux nets actualisés à X%.

Le calcul ci-dessous détaille le calcul de la VAN à 5% d'une série de flux intervenant sur 5 années :

Période	Flux futurs	Coefficient d'actualisation		Flux actualisés
0	- 1 000 €	1 =	1	- 1 000 €
1	50 €	(1,05)^1 =	1,05	48 €
2	100 €	(1,05)^2 =	1,1025	91 €
3	400 €	(1,05)^3 =	1,157625	346 €
4	500 €	(1,05)^4 =	1,21550625	411 €
TOTAL	50 €			- 105 €

Dans ce calcul, la somme des flux non actualisés (la VAN à 0%) s'élève à 50€, et sa VAN à 5% à – 105 €. Ce qui signifie qu'actualisé à 5% cet investissement n'est plus rentable (les dépenses excèdent les recettes).
Les tableurs comme Excel ou Calc (d'OpenOffice) calculent très facilement cette VAN. Dans l'exemple ci dessus, et dans l'hypothèse où le « – 1 000 » soit saisi en cellule A1 et le « 500 » en A5, la formule de calcul de la VAN à 5% sera = VAN (A1 : A5 ; 5%) ; difficile de faire plus simple !

POUR LES MATHEUX

La formule de calcul de la VAN ravira les spécialistes, les autres l'oublieront rapidement (pour autant qu'ils la lisent !) :

$$\sum_{n=1}^{N} F_n / (1 + i)^n$$

dans laquelle F_n est la valeur du flux futur survenant en période n, i le taux d'actualisation décimal et N le nombre total de flux et de période.

Le choix du taux d'actualisation

Nous avons utilisé pour le calcul de notre valeur actuelle nette un taux d'actualisation de 5 %. Mais pourquoi donc avoir choisi ce taux de 5 % ? Parce qu'il représente par exemple le taux supposé d'inflation sur la période ? Pourquoi pas. Mais alors, dans cette hypothèse, pourquoi avoir choisi précisément 5 %, et non 4 % ou 6 % ?

En d'autres termes, il est bien difficile de choisir a priori un taux d'actualisation. Aussi, face à cette difficulté, il nous vient à l'idée, est-on malin, de calculer plusieurs valeurs actuelles nettes, une fois à 0 %, une fois à 1 %, une fois à 2 %, etc. Et de représenter graphiquement l'évolution de cette valeur actuelle nette en fonction du taux d'actualisation.

Le graphique ci-dessous représente, pour nos deux investissements A et B de départ, l'évolution en K€ de la VAN en fonction du taux d'actualisation (de 0 % à 10 %) :

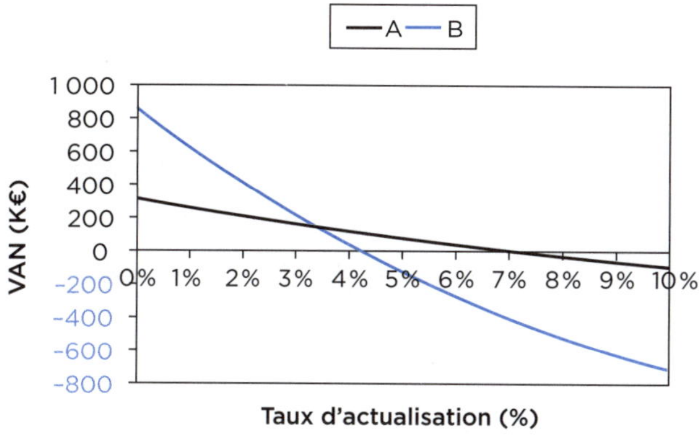

GRAPHIQUE D'ÉVOLUTION DES VAN

Nous constatons que plus le taux d'actualisation est élevé, plus la VAN est faible. Logique, car l'actualisation affecte surtout les recettes, les dépenses survenant pour l'essentiel au début du tableau des flux.
De plus, la courbe de la VAN de B plonge plus vite que celle de A. Logique toujours, les recettes de B sont progressives dans le temps et les plus lointaines (les plus élevées) sont les plus affectées par le calcul d'actualisation.

La lecture de ces courbes révèle de bien intéressantes choses :

- Pour un taux d'actualisation inférieur à 3,5 %, B rapporte plus que A
- Pour un taux compris entre 3,5 et 4,5 %, approximativement, A rapporte plus que B
- Entre 4,5 et 7,5 %, seul A rapporte
- Enfin, au delà de 7,5 %, ni A ni B ne sont rentables.

Mais, au delà de ces constatations, nous percevons bien que l'endroit où les deux courbes coupent l'axe horizontal des abscisses doit représenter quelque chose d'important…

Le Taux interne de rentabilité (TIR)

Ce paragraphe est le plus délicat de cette série sur le thème des investissements (heureusement, c'est le dernier !). Malgré tous mes efforts, je ne suis jamais arrivé à trouver la formule magique pour expliquer absolument clairement le pourquoi de la signification de ce TIR. Je vais quand même vous présenter ma meilleure explication.

Imaginez un cas très simple, celui de quelqu'un qui place 100 € à 1 % pendant un an, par exemple sur un livret de caisse d'épargne. Au bout d'un an, les 100 € seront devenus 101 €, formidable. Si on imaginait de présenter le tableau des recettes et des dépenses de cet investissement, il ressemblerait à ceci :

PAS DE PANIQUE

Ici encore, ne nous affolons pas. Vous n'avez pas tout compris de ces explications ? Ce n'est pas inquiétant, vous ne seriez pas les premiers (ni les derniers...).

	Recettes	Dépenses	Net
01/01/N		-100	-100
31/12/N	101		101

Si maintenant on calcule la VAN de cet investissement à 1 %, on obtient – 100 + (101/1.01) = 0 (vous pouvez vérifier ce calcul sur votre tableur favori). On constate ainsi que pour cet investissement le taux de 1 % (c'est-à-dire celui qui annule sa VAN) représente précisément son taux de rentabilité (puisque par hypothèse cet investissement rapporte 1 %). Magique, non ?

On peut donc affirmer que le taux d'actualisation qui annule la VAN d'un investissement représente très exactement le taux de rentabilité du dit investissement.

En revenant à nos deux projets A et B sur le tableau de la page 141, nous constatons maintenant que le projet A rapporte très exactement 7,7 % et B 4,3 %. Nous qui pensions au départ que B était plus rentable, nous avons successivement constaté après analyse que d'abord A rapporte plus tôt (critère du retour sur investissement) et plus en % que B (critère du TIR). Si en outre nous considérons que A mobilise moins de ressources financières que B, nous devons clairement opter pour A et non pour B. Ce qui est très exactement le contraire de ce nous pensions au départ ! Comme quoi les techniques de gestion ça sert à quelque chose…

A OU B ?

A rapporte plus tôt et plus vite que B. En plus B nécessite plus de capital et est donc plus risqué. Le choix est vite fait, non ?

Calculez directement le TIR avec Excel ou Calc

On ne s'amuse pas, pour calculer le taux de rentabilité interne d'un projet, à passer par tout un tas de calcul compliqués et par le graphique de variation de la VAN en fonction du % d'actualisation. Heureusement ! On utilise tout simplement la fonction intégrée de calcul du TIR des tableurs. Cette fonction s'appelle sous Excel ou OpenOffice TRI (), pour Taux de rentabilité interne.
Dans notre exemple, il suffit d'entrer en D15 et G15 les formules suivantes :

	A	B	C	D	E	F	G
1		Projet A			Projet B		
2	Années	Recettes	Dépenses	Net	Recettes	Dépenses	Net
3	N	120	-800	-680	100	-2 800	-2 700
4	N+1	120	-20	100	150	-20	130
5	N+2	120	-20	100	200	-20	180
6	N+3	120	-20	100	250	-20	230
7	N+4	120	-20	100	300	-20	280
8	N+5	120	-20	100	350	-20	330
9	N+6	120	-20	100	400	-20	380
10	N+7	120	-20	100	450	-20	430
11	N+8	120	-20	100	500	-20	480
12	N+9	120	-20	100	550	-20	530
13	N+10	120	-20	100	600	-20	580
14	TOTAL	1 320	-1 000	320	3 850	-3 000	850
15				=TRI(D3:D13)			=TRI(G3:G13)

Essayez, vous trouverez 7,7 % en D15 pour A et 4,3 % en G15 pour B.

ITÉRATION

Les calculs à la base de la fonction TRI () sont plutôt complexes, à base d'itérations (le tableur essaye successivement avec plusieurs taux pour se rapprocher progressivement du résultat). Il peut se produire qu'il n'arrive pas à la solution, auquel cas il demande pour l'aider d'entrer une estimation du taux.

Si vous ne deviez retenir que ceci sur la mesure de la rentabilité des investissements

La première étape de la mesure de la rentabilité d'un investissement consiste à bâtir son **tableau des recettes et des dépenses** pendant sa durée de vie :

- Les dépenses sont souvent relativement faciles à lister et à évaluer. Le risque essentiel en ce qui les concerne sera d'être exhaustif (ne pas oublier en particulier les coûts cachés) et d'être objectif dans leur évaluation. Il est de bonne pratique de majorer systématiquement les dépenses d'un certain pourcentage (5 % par exemple) pour éviter les mauvaises surprises.
- Les recettes, notamment qualitatives, sont souvent plus difficiles à chiffrer. Ne pas oublier en outre que des non-dépenses (des économies) sont en fait des recettes.

La deuxième étape consiste à prendre en compte la notion de temps et permet de dégager deux indicateurs fondamentaux en matière de rentabilité des investissements :

- Le **RSI** (**Retour sur investissement**) qui mesure le délai de remboursement d'un investissement. Il répond à la question « quand l'investissement est-il remboursé ? », sans préjuger de ce qu'il rapportera au bout du compte. Il se mesure en mois, en années. Il est à privilégier en environnement instable, soit technique, soit financier, dans lequel *un tiens tout de suite vaut mieux que deux tu l'auras plus tard.*
- Le **TIR** (**Taux interne de rentabilité**) qui mesure lui ce que rapporte l'investissement en % de ce qu'on y a placé. Cet indicateur essentiel présente les avantages et inconvénients de tout indicateur relatif : facilité de comparaison pour arbitrer entre plusieurs projets, valeur relative et non absolue.

Décider en matière d'investissement se fera en prenant en compte ces deux indicateurs, sans oublier bien sûr le **risque** inhérent à tout investissement :

- Qu'est-ce-que je peux gagner ?
- Qu'est-ce-que je risque de perdre ?

À titre exceptionnel, et compte tenu de la complexité des calculs, il n'y aura pas de « Do it yourself » cette fois-ci. Et ce probablement pour votre plus grand bonheur…

CALCULS DE GESTION

Retour à l'école pour ce court chapitre, afin de nous exercer au bon usage des calculs. Pourcentages, augmentations, diminutions, calculs arithmétiques divers sont au programme.
Objectif : réfléchir sur la signification et la précision des chiffres.

Avoir du recul

L'informatique s'est généralisée partout, et donc aussi en gestion.
Et c'est heureux : beaucoup de temps gagné pour faire des choses plus intéressantes ou pour se reposer (?), de gros gains de fiabilité, de qualité de présentation…
Tableau idyllique ?
NON.

Le risque de l'informatique (et en général de toutes les machines) est de rendre paresseux et d'enlever tout esprit critique.

Ne croyez pas avoir affaire à un vieux grincheux (remarquez, peut-être le suis-je un peu, grincheux, pas vieux).
C'est mon expérience de professionnel de la gestion, de l'informatique (eh oui) et de la formation qui me dicte cette remarque de fond.

Aussi mes conseils en la matière sont les suivants :

- Ayez toujours en tête l'ordre de grandeur du résultat auquel vous devez arriver.
- Ne faites jamais confiance aveugle en la machine.
- Pour les calculs de %, évitez, sauf si vous les connaissez parfaitement, d'utiliser les touches spécifiques de vos calculettes, et préférez leur les bonnes vieilles formules mathématiques inusables et toujours correctes.
- Inutile de donner des calculs avec 2 décimales sur les prévisions, et même sur des réalisations. Personnellement, j'utilise presque toujours des nombres avec zéro décimale, et parfois 1. JAMAIS 2.

Les pourcentages

PRÉCISION DES CALCULS

Ne donnez jamais plus d'une décimale à vos calculs de % (trop de précision tue la précision).

Avez-vous remarqué ? Tout le monde parle en % !
- « J'ai été augmenté de 2,5 %. »
- « L'essence a augmenté de 25 % depuis 6 mois. »
- « 50,8 % des Français ont voté pour M. DUPOND. »
- « Le CAC 40 a vécu une des pires journées de son histoire avec une chute de 15 % en quelques heures. »

Il y a deux grands types de calcul en % : les % de masse et ceux de variation.

Pourcentages de masse

C'est le calcul effectué pour affirmer que « 50,8 % des électeurs inscrits ayant voté ont voté pour M. DUPOND ».
Il est couramment utilisé pour ventiler un total général selon les éléments qui le composent.

Le mode de calcul est le suivant :

% de masse = (élément mesuré/total des éléments) × 100

Par exemple, 120 représente 80 % de 150 (120/150 × 100 = 80 %).

Pourcentages de variation

C'est le calcul effectué pour affirmer que « j'ai été augmenté de 2,5 % ».

Le mode de calcul est le suivant :

% de variation entre une valeur ancienne et une valeur nouvelle = (valeur nouvelle – valeur ancienne)/ valeur ancienne × 100

Par exemple, 150 représente une augmentation de 25 % par rapport à 120 (150 - 120)/120 x 100 = 25 %).

EXERCICE 28 (solution page 171)

Complétez le tableau ci-dessous (avec une seule décimale).

Répartition des ventes par pays (K€)		
Pays	**N**	**% de masse**
France	100	
GB	80	
Allemagne	70	
Italie	120	
Espagne	55	
Europe	**425**	
USA	520	
Canada	120	
Amérique	640	
Japon	252	
Corée du Sud	100	
Taiwan	95	
Asie	**447**	
Burundi	25	
Afrique du Sud	125	
Afrique	**150**	
Océanie	**65**	
Total	**1727**	

Variation des ventes par pays (K€)			
	N	**N+1**	**% var N/N+1**
France	100	95	
GB	80	85	
Allemagne	70	10	
Italie	120	120	
Espagne	55	60	
Europe	**425**	**370**	
USA	520	200	
Canada	120	120	
Amérique	640	320	
Japon	252	300	
Corée du Sud	100	300	
Taiwan	95	500	
Asie	**447**	1 100	
Burundi	25	0	
Afrique du Sud	125	1	
Afrique	**150**	**1**	
Océanie	**65**	**0**	
Total	**1727**	**1791**	

HT, TVA, TTC… et % !

Il y a actuellement essentiellement deux taux de TVA, 19,6 % et 5,5 %.

EXERCICE 29 (solution page 172)

Amusez-vous (si, si…) à remplir le tableau suivant avec une TVA à 19,6 % :

	HT	TVA	TTC
Cas 1	**100,00**		
Cas 2		**100,00**	
Cas 3			**100,00**

Pour ajouter X % à un nombre, le multiplier par 1,X (pour 25 %, multiplier par 1,25).
Pour enlever X % à un nombre, le multiplier par (1-X) (pour 75 %, multiplier par 1 - 0,75 = 0,25).

Les règles de calcul sont les suivantes (**en noir, TVA à 19,6 %, en bleu TVA à 5,5 %**) :

		Je dispose de		
		HT	**TVA**	**TTC**
Je veux calculer	**HT**	-	/0,196 /0,055	/1,196 /1,055
	TVA	x 0,196 x 0,055	-	/6,102 /19,182
	TTC	x 1,196 x 1,055	x 6,102 x 19,182	-

Exemple : Pour un TTC de 1000, le HT à 19,6 % est de 1000/1,196 = 836,12. Pour un HT de 100, le TTC à 19,6 % est de 100 × 1,196 = 119,60.

Exercez votre esprit critique

Voici deux exemples assez caractéristiques pour faire fonctionner vos méninges.

Just for the fun : le jeu de l'aller-retour

EXERCICE 30 (solution page 172)

Votre patron vous convoque et vous dit :
« Cher (chère) ami(e), je vous propose de vous "augmenter" de 25% et juste après de vous "diminuer" de 25%. »
Silence... Passé la stupeur, il vous faut répondre.
Acceptez-vous, ou non? Et pourquoi?

Attention aux %

Imaginez que vous entendiez à la radio : « L'entreprise Tartempion a augmenté son résultat de 25% par rapport à l'an dernier. »
Quelles conclusions en tirez-vous?
Que Tartempion gagne énormément d'argent?
Pas forcément.
En effet, si Tartempion ne gagnait presque rien l'an passé, même augmenté de 25%, cela ne représente toujours pas grand-chose.
Observez le tableau ci-dessous :

Résultat N	Résultat N+1	Variation %
10,00	12,50	25,0%
1 000,00	1 250,00	25,0%
1,00	1,25	25,0%
-10,00	-12,50	25,0%

Gardez toujours votre esprit critique! C'est vraiment très important.

Dans les 4 cas, le pourcentage de variation est de 25%, mais les cas sont très différents, notamment le dernier (la perte s'aggrave!).

FLORILÈGE DE CITATIONS

Ci-dessous vous trouverez un florilège de citations, certaines célèbres, d'autres moins, d'autres pas du tout. Aucun esprit polémique dans le choix que je vous propose, mais simplement le souhait de vous faire réfléchir et de vous amuser sur certains sujets connexes à la gestion. Toutes sont anonymes, pour ne vexer personne…

Banque

« Le banquier n'est surtout pas un intermédiaire dont la marchandise serait la puissance d'achat ; il est d'abord le producteur de cette richesse. »

« Dans la banque industrie, notre ambition est de créer avec les entreprises un partenariat global et privilégié en adaptant le modèle qui explique largement la force de l'entreprise et de l'économie allemande. »

« Pour se suicider, la majorité des mortels utilisent le poison, la corde, le gaz ou le revolver. Les banques françaises ont préféré la concurrence sauvage, au point qu'elles vont devoir, bon gré mal gré, prendre des mesures pour stopper une dégradation de leurs marges tout à fait inquiétante. »

Besoins

« Les hommes veulent tout avoir et ils se rendent malheureux par le désir du superflu. »

« La progression des besoins est une chose nécessaire ; elle est fondée sur l'essence même de l'homme ; il faut que les besoins naturels de l'homme, une fois satisfaits, soient remplacés par des besoins que nous nommons imaginaires, ou besoins d'opinion ; ceux-ci deviennent aussi nécessaires pour notre bonheur que les premiers. »

« La conquête du superflu donne une excitation spirituelle plus grande que la conquête du nécessaire. »

« Le bien-être social constitue l'objectif ultime des politiques économiques et sociales et peut être considéré comme synonyme de l'intérêt général de la nation ou, en dernier lieu, de l'économie mondiale. »

Bourse

« Aux États-Unis, tout est fondé sur le résultat immédiat tel qu'il va s'inscrire dans les bénéfices trimestriels qui feront le cours de la bourse. »

Capitalisme

« Le capitalisme ne laisse subsister d'autres liens entre l'homme et l'homme que le froid intérêt, les dures exigences du paiement. »

« L'esprit du capitalisme est un système de valeurs qui élève l'acquisition des richesses systématiquement recherchées par le travail acharné, la frugalité et l'épargne, à la dignité d'un mode de vie et d'un objectif final. »

« Fantastique machine à créer de la richesse, le capitalisme génère à la fois prospérité et pauvreté. »

Chômage

« Il est vain de chercher une seule grande réponse à une grande question, alors que, selon toute vraisemblance, plusieurs des hypothèses avancées pour rendre compte du chômage sont vraies, chacune contribuant, pour partie, à l'explication du dysfonctionnement du marché du travail. »

« Il n'y a pas une seule façon d'être chômeur, mais mille. »

Concurrence

« Il y a 25 ans, une femme consacrait 80 % de son budget à sa garde-robe et à sa beauté. Aujourd'hui, à la place, elle achète des meubles, un magnétoscope, un bill,et pour les Antilles. Mes concurrents directs ne sont ni Montana, ni Mugler, ni Gaultier, mais plutôt Sony et le Club Med. »

« Nos clients votent chaque jour avec leur portefeuille. »

Crise

« Les crises, comme les maladies, paraissent une des conditions de l'existence des sociétés où le commerce et l'industrie dominent ; on peut les prévoir, les adoucir, s'en préserver jusqu'à un certain point, faciliter la reprise des affaires. Mais les supprimer, c'est jusqu'ici, malgré les combinaisons les plus diverses, ce qui n'a été donné à personne. »

Entreprendre

« C'est des valeurs fondamentales et de l'esprit qui animent une entreprise que dépend sa réussite. »

État-providence

« Les États-providence se heurtent aux mêmes contradictions : le gonflement tendanciel des prestations sociales permet de soutenir la demande… mais comment le financer sans croissance économique ? Inversement, l'alourdissement des prélèvements, devenu confiscation, risque de saper l'étroite base productive sur laquelle le système repose. »

Financer

« Il n'y a pas d'industrie sans finance ; à l'inverse, une finance sans industrie perd son support et sa légitimité : la finance doit donner aux entreprises les moyens de se développer. »

Gérer

« Je veille particulièrement à ce que nos systèmes de contrôle ne soient pas paralysants et laissent suffisamment de liberté d'action à nos cadres. »

Inflation

« L'inflation se perpétue car trop d'acteurs puissants (État, entreprises, particuliers) y trouvent leur compte et la considèrent comme un "droit acquis". »

« On ne tient pas le prix du bœuf en contrôlant les bouchers ; on tient le prix du bœuf en produisant du bœuf. »

Interdépendance

« Il n'est pas une PME qui ne soit en concurrence avec le monde entier ; pour certains produits, une tonne supplémentaire sur un quai de Singapour a une incidence au fond de nos provinces. »

Libéralisme

« Laisser-faire, laisser-passer. »

« Le libéralisme : le renard libre dans le poulailler libre. »

Libre-échange

« Le problème avec le libre-échange n'est pas ce que j'achète aux autres, c'est qu'ils ne m'achètent rien. »

Manager

« Ci-gît un homme qui sut prendre à son service des hommes plus compétents que lui. »

« Le management, c'est comme en foot : quand je prends Papin, ce n'est plus à moi de marquer les buts. »

Monnaie

« L'argent est devenu une matière première hyper fluide, mobile et transformable à volonté dans les salles de marché du monde entier. »

« Beaucoup d'espèces disparaissent, notamment les espèces sonnantes et trébuchantes. »

« Attention aux effets pervers d'un Euro trop fort. »

« Les marchés ont salué l'arrivée d'une nouvelle monnaie - l'Euro - forte. »

Principe de Peter

« Dans une hiérarchie, tout employé a tendance à s'élever à son niveau d'incompétence, c'est-à-dire que, par le jeu des promotions, il accédera au poste où son incompétence se manifestera le plus sûrement. »

Prévision économique

« Prévoir, c'est en quelque sorte essayer de conduire une auto en ayant les yeux bandés et en suivant les instructions d'une personne qui regarderait par la lunette arrière. »

Prix

« J'ai envie de citer l'exemple des voitures de haut de gamme, performantes, vendues cher, qui connaissent le succès et j'ai la certitude qu'elles

connaîtraient le même succès si elles étaient vendues encore plus cher.»

«Sur les marchés, les ordres, ce sont les prix.»

«L'aventure de Bic repose sur le postulat suivant : la meilleure qualité au plus petit prix, ça ne se refuse pas.»

Produire

«Prenez 2 joueurs d'échecs. Ils ont chacun 16 pièces à leur disposition, et pourtant l'un d'eux gagne pour avoir combiné les siennes de manière plus efficace.

Pour une même dotation en travail et en capital, il est possible, toutes choses étant égales par ailleurs, d'obtenir une croissance de la production plus forte, si chaque ressource productive est répartie plus efficacement, si elle est utilisée là où la valeur de la production est la plus élevée.»

Profit

«Le profit est la chair et le sang du capitalisme.»

«Chaque fois que l'on oublie le profit, on fait marche arrière; le profit est l'axe de tout.»

Publicité

«La fonction de la publicité est de mettre à portée de tous ce qui semblait réservé à une minorité; combien coûtaient un téléviseur, un frigo, une machine à laver avant que la publicité n'ait permis, en ajustant l'offre à la demande, de développer le marché?»

«La publicité ne fait plus rêver, elle fait zapper.»

Stratégie

«Les entreprises qui réussissent sont celles qui ont des buts clairs.»

Travail

«Le travail nous rend maîtres et possesseurs de la nature.»

«Travailler est un devoir indispensable à l'homme social. Riche ou pauvre, puissant ou faible, tout citoyen oisif est un fripon.»

«Le travail est extérieur à l'ouvrier. Il ne s'affirme pas dans son travail; bien au contraire, il s'y renie; loin d'y être heureux, il s'y sent malheureux; il n'y développe aucune énergie libre, ni physique, ni morale, mais il y mortifie son âme et y ruine son esprit.»

Vendre

«J'avais peut-être des dispositions; quand j'étais petit, je vendais des radis à mon grand-père, plus cher parce que je les avais lavés.»

SOLUTIONS DES EXERCICES

Comptabilité générale

Solution 1

La comptabilité de Marco est exactement symétrique de celle de Johann.
C'est le **principe de réciprocité des comptes**, encore une conséquence de la partie double.
Remarquez que, pour Marco, l'arrivée des marchandises et le paiement coïncident.

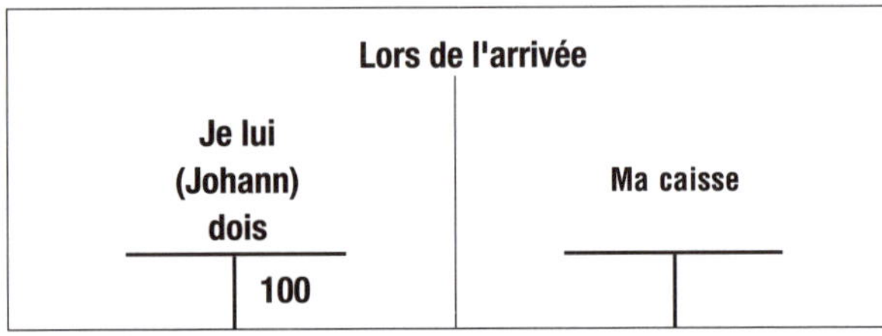

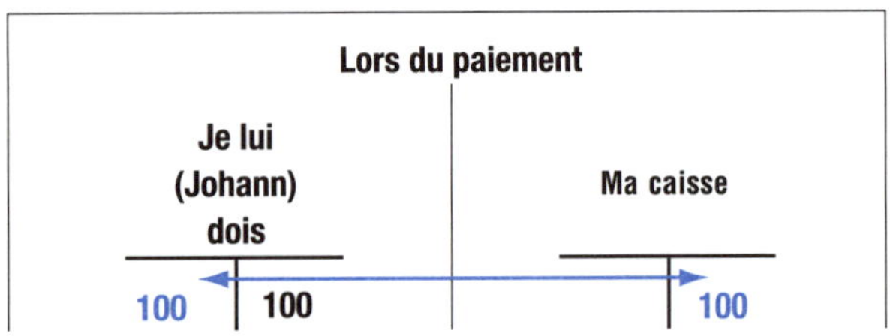

Solution 2

Dans les 2 cas, le résultat est inchangé, car les opérations économiques (achats et ventes) sont identiques, seules changent les contreparties financières.

❶ Dans le cas 1, il n'y a plus de crédit. Tout se retrouve donc en trésorerie (banque et caisse).

❷ Dans le cas 2, tout est à crédit; on retrouve donc les ventes en clients et les achats en fournisseurs.

Bilan après la dernière opération
Cas 1 : aucun crédit

Biens		Dettes	
Clients	-	Fournisseurs	-
Trésorcric	4 750	Résultat	4 750
Total	4 750	Total	4 750

Bilan après la dernière opération
Cas 2 : crédit total

Biens		Dettes	
Clients	7 000	Fournisseurs	2 250
Trésorerie	-	Résultat	4 750
Total	7 000	Total	7 000

Solution 3

Avez-vous remarqué que le résultat, ici une perte, apparaît dans le bilan en MOINS des dettes, alors qu'il apparaîtrait en PLUS de celles-ci s'il s'agissait d'un bénéfice ? Ce même résultat apparaît comme un produit « fictif », pour équilibrer les produits au niveau des charges.

Bilan au 31/01/N			
Biens		Dettes	
Immobilisations		Capital	50
Stocks		Résultat	-5
Clients	45	Emprunt	
Trésorerie	0	Fournisseurs	
Total	45	Total	45

Compte de résultat du 1/1/N au 31/01/N			
Charges		Produits	
Achats de matières	15	Ventes	45
Variation de stock	0		
Location	15		
Impôts et taxes	0		
Frais de personnel	20		
Dotations aux amortissements	0		
Dotations aux provisions	0		
Frais financiers	0		
Pertes exceptionnelles	0		
Bénéfice	0	Perte	5
Total	50	Total	50

Participation de chaque opération à la constitution du résultat :

	Bénéfice	Perte
1. Capital	-	-
2. Location local	-	5
3. Achat MP	-	15
4. Frais personnel	-	20
5. Location mach.	-	10
6. Vente	45	-
Total	45	50
Résultat (perte)		50-45=5

Solution 4

Un investissement peut aussi se financer par un emprunt (compte « Dette LT ») ou par un apport des actionnaires (« Capital »). Ce sont d'ailleurs les cas les plus fréquents, en plus de l'autofinancement.

Solution 5

L'immobilisation apparaît au bilan pour sa valeur nette.
Le même bénéfice de 17 se retrouve en dette au bilan et en charge au compte de résultat.

Bilan au 30/06/N			
Biens		Dettes	
Immobilisations	50	Capital	50
Stocks	0	Résultat	17
Clients	107	Emprunt	25
Trésorerie	30	Fournisseurs	95
Total	187	Total	187

Compte de résultat du 1/1/N au 30/06/N			
Charges		Produits	
Achats de matières	50	Ventes	152
Variation de stock	0		
Location	15		
Impôts et taxes	0		
Frais de personnel	60		
Dotations aux amortissements	10		
Dotations aux provisions	0		
Frais financiers	0		
Pertes exceptionnelles	0		
Bénéfice	17	Perte	0
Total	152	Total	152

Participation de chaque opération à la constitution du résultat :

Nous sommes passés d'une situation déficitaire à un bénéfice.
L'emprunt ne génère ni bénéfice ni perte.
L'encaissement non plus.
Les deux sont des opérations purement financières.

Report	-	5
7. Emprunt	-	-
8. Investissement et dotation aux amortissements	-	10
9. Achats MP	-	35
10. Frais de personnel	-	40
11. Vente	107	-
12. Encaissement	-	-
Total	107	90
Résultat (Bénéfice)	107-90=17	

Solution 6

Par rapport à la situation précédente du 30/06/N, nous constatons une amélioration générale du bilan, notamment du résultat et de la trésorerie. Les moments difficiles sont maintenant derrière nous!

Nous retrouvons le bénéfice de 26 en dette et en charge fictive.

Bilan au 30/09/N			
Biens		Dettes	
Immobilisations	50	Capital	50
Stocks	10	Résultat	26
Clients	30	Emprunt	25
Trésorerie	41	Fournisseurs	30
Total	131	Total	131

Compte de résultat du 1/1/N au 30/09/N			
Charges		Produits	
Achats de matières	50	Ventes	182
Variation de stock	20		
Location	15		
Impôts et taxes	0		
Frais de personnel	60		
Dotations aux amortissements	10		
Dotations aux provisions	0		
Frais financiers	1		
Pertes exceptionnelles	0		
Bénéfice	26	Perte	0
Total	182	Total	182

Participation de chaque opération à la constitution du résultat :

	Bénéfice	Perte
Report	17	-
13. Stockage	-	-
14a. Vente	30	-
14b. Déstockage	-	20
15. Encaissement	-	-
16. Paiement	-	-
17. Agios	-	1
Total	47	21
Résultat (Bénéfice)	47-21=26	

Solution 7

Première constatation, mais nous nous y attendions, trésorerie et résultat sont différents.

Bilan au 31/12/N			
Biens		Dettes	
Immobilisations	50	Capital	50
Stocks	10	Résultat	4
Clients	20	Emprunt	20
Trésorerie	14	Fournisseurs	20
Total	94	Total	94

Compte de résultat du 1/1/N au 31/12/N			
Charges		Produits	
Achats de matières	50	Ventes	182
Variation de stock	20		
Location	15		
Impôts et taxes	10		
Frais de personnel	60		
Dotations aux amortissements	10		
Dotations aux provisions	7		
Frais financiers	3		
Pertes exceptionnelles	3		
Bénéfice	4	Perte	0
Total	182	Total	182

Participation de chaque opération à la constitution du résultat :

	Bénéfice	Perte
Report	26	-
18. Liquidation	-	3
19. Intérêts	-	2
20. Redressement	-	7
21. Règlement	-	-
22. Taxe	-	10
Total	26	22
Résultat (Bénéfice)	26-22=4	

Solution 8

Les biens de l'entreprise sont vendus 75 + 32 + 33 = 140 (contre 85) ; il reste donc 140 – 85 = 55 aux actionnaires (contre 0).

Dans ce cas-ci (très rare malheureusement), la liquidation n'était certainement pas requise, car la situation financière de l'entreprise était en fait bien meilleure que ne le laissait augurer l'examen de ses comptes.

Moralité : une liquidation est toujours catastrophique.

Moralité de la moralité :

Il faut tout faire pour éviter la liquidation et *anticiper les difficultés quand il en est encore temps*, et surtout ne pas faire l'autruche devant celles-ci.

Analyse financière

Solution 9

1. B seulement.
   Rembourser un emprunt est une diminution de ressource. Ce n'est possible que par une nouvelle ressource ou par la diminution d'un emploi (B).
   A est un nouvel emploi, C est une diminution de ressource.

2. A, B et C.
   Augmenter son capital revient à générer une nouvelle ressource.
   Elle permet de nouveaux emplois (A et B) et la diminution d'autres ressources (C).

3. Aucune réponse valable.
   Un investissement est un nouvel emploi. Il peut être financé par une diminution d'un autre emploi, ou par une nouvelle ressource.
   A et B sont de nouveaux emplois, C est une diminution de ressource.

4. A et B.
   L'encaissement de créances clients est une diminution d'emploi. Elle peut financer un emploi (A), ou la diminution d'une autre ressource (B).
   C est une diminution d'emploi.

Soyons concrets, et faisons le parallèle avec votre propre budget :
Vous ne pouvez acheter une voiture (nouvelle immobilisation, donc augmentation des emplois) que :
1. si vous payez cash (diminution de la trésorerie, donc d'un autre emploi) ou
2. si vous vous endettez (augmentation des ressources).

Pour rembourser votre emprunt (diminution des ressources), vous devez :
1. ou vendre quelque chose vous appartenant (diminution des emplois)
2. ou faire un chèque (également diminution des emplois).

Solution 10

		Emploi		Ressource	
		+	-	+	-
Emploi	+		X	X	
	-	X			X
Ressource	+	X			X
	-		X	X	

Solution 11

❶ Au plan des emplois, l'analyse ne paraît pas poser de difficultés particulières :
1. Les immobilisations, comme leur nom l'indique, concernent le long terme.
2. Les stocks et les créances clients sont, eux, du domaine du court terme (ou doivent l'être dans le cadre d'une saine gestion).
3. La trésorerie est immédiatement disponible.

❷ En ce qui concerne les ressources :
a. Les dettes à long terme portent bien leur nom.
b. Les ressources générées par les dettes fournisseurs sont, en liaison avec les stocks et les clients, du domaine du court terme (il est peu probable que vous trouviez des fournisseurs qui vous fassent crédit pendant plus d'1 an, voire 6 mois).
c. Les capitaux propres sont constitués, nous le savons, par le capital et le résultat cumulé de l'entreprise depuis sa création; l'un et l'autre sont, au bout du compte, dus aux actionnaires, mais laissés à la disposition de l'entreprise tant que celle-ci est en activité. Il faut donc clairement placer les capitaux propres dans la famille LT.

Solution 12

Pour améliorer sa situation, je lui donnerai des conseils relatifs aux deux composantes de la trésorerie, le FR et le BFR.
Il lui faudrait
❶ améliorer – diminuer – son BFR,
❷ et/ou améliorer – augmenter – son FR.

Quelles sont les pistes de recherche pour améliorer son BFR ?

Le principe est de diminuer les emplois (stocks et créances CT) et/ou d'augmenter les ressources (dettes CT). Ces 3 éléments varient en fonction du niveau d'activité (le chiffre d'affaires) et des délais (stockage, crédit clients et fournisseurs). Nous voyons ainsi que l'action de réduction du BFR implique une remise en cause de ses méthodes de travail; c'est pour cette raison que *la bonne gestion du BFR est toujours le signe patent de la bonne gestion d'une entreprise.*

❶ La première action est de diminuer le volume d'activité en baissant le CA; ce n'est guère réaliste, mais cela marche.

❷ La seule action valable consiste à **agir sur les délais** :
a. De stockage en réorganisant son process de fabrication, en renégociant les délais d'approvisionnement.
b. D'encaissement des clients, en réalisant un travail commercial de fond, en récupérant les créances en retard, en étant plus sélectif sur le critère de solvabilité des nouveaux clients, en demandant des garanties de paiement.
c. De règlement aux fournisseurs, éventuellement en leur proposant un moratoire.

Quant au FR, comment l'améliorer ?

Il s'agit cette fois encore d'augmenter ses ressources et de diminuer ses emplois. Cette fois-ci, son action peut se dérouler sur le court terme ou le long terme. Nous voyons ainsi que certaines actions relèvent du travail de fond, et que d'autres ont un effet immédiat ; le gestionnaire compétent privilégiera toujours autant que faire se peut les actions de long terme, les seules à véritablement prouver le professionnalisme de la gestion et donc la pérennité de l'entreprise.

1. Au plan du court terme :
   a. Il est possible de lui suggérer de faire un apport complémentaire en capital – ou en compte courant bloqué –, lui-même ou avec un partenaire – au risque de perdre le contrôle de son entreprise...
   b. Il peut aussi demander un prêt à son banquier ; celui-ci lui demandera de remplir certaines conditions que nous verrons plus loin.
   c. Son parc d'immobilisations peut être analysé, modernisé, voire revendu pour être souscrit en leasing – location avec option d'achat –, ce qui apporte là encore de l'argent frais ; ceci est actuellement très en vogue pour les flottes de véhicules automobiles.

2. La dernière action possible est au plan du long terme, en travaillant sur la rentabilité de son entreprise – son résultat – qui constitue à terme une ressource.

Solution 13

En gestion financière, pas d'année bissextile : **12 mois de 30 jours font une année de 360 jours.**

Numéro	BFR	CA		BFR jours
	€	€	Période	
1	100	1 000	Annuel	100/1 000 x 360=36
2	100	1 000	Trimestriel	100/1 000 x 90=9
3	100	1 000	Mensuel	100/1 000 x 30=3
4	10	100	Annuel	10/100 x 360=36
5	100 000	1 000 000	Mensuel	100 000/1 000 000 x 30=3
6	100	4 000	Annuel	100/4 000 x 360=9

Remarques :

- Attention aux périodes de références : les cas 1, 2 et 3 sont différents bien que les nombres soient les mêmes.
- Le cas 4 est semblable en jours au cas 1, car les montants sont proportionnels (les cas 3 et 5 également).
- Les cas 2 et 6 sont semblables en jours, avec des montants différents, car les périodes sont différentes.

Solution 14

En fait, vous devriez avoir tout barré, sauf 2 lignes, dotations aux amortissements et dotations aux provisions.
Ces deux rubriques sont en effet :

1. Pour la première, la constatation de l'usure des biens de l'entreprise.
   Le décaissement relatif au bien concerné est fait indépendamment.
2. Pour la deuxième, il s'agit d'une précaution prise contre le risque de surévaluation des biens de l'entreprise, ce qui n'a, là non plus, aucun lien avec la trésorerie.

On paie et on encaisse les clients, les fournisseurs, les banquiers, le personnel…
On ne paye jamais ni une précaution contre un risque ni un amortissement.

Solution 15

Méthode soustractive : 1000-950-5-25 = 20
Méthode additive : 5+5+10 = 20

Solution 16

Pour financer sa croissance sans générer de MBA, elle peut agir sur son FR ou son BFR.

Sur le BFR, elle peut essayer de réduire ses délais de stockage, de renégocier les délais de règlement des clients à la baisse et ceux des fournisseurs à la hausse. Il est cependant peu probable qu'elle arrive à mobiliser ses troupes en période de croissance pour y arriver.

Reste le FR, à savoir :

- procéder à une augmentation de capital,
- recourir à un emprunt bancaire.

Dans les deux cas, cela signifie perte d'indépendance financière.

Solution 17

Utilisations possibles de la MBA (nouvelle ressource)		
FR	Diminuer les ressources	Distribuer les dividendes
		Rembourser les emprunts LT
	Augmenter les emplois	Investir
BFR	Augmenter les emplois	Financer la croissance
Trésorerie	Augmenter les emplois	Consolider la position de trésorerie

Solution 18

Typiquement, les entreprises de services (avocats, médecins, conseils, professeurs, formateurs…) qui ont essentiellement des salaires comme charges (et donc proportionnellement très peu d'achats externes) ont une VA presque égale à leur CA.

Comptabilité analytique

Solution 19

30!

La pizza fabriquée et vendue rapporte, avant paiement des frais fixes, 5 – 2 = 3 €; ces frais s'élevant quotidiennement à 90 €, vous devez fabriquer et vendre, pour les rembourser, et donc commencer à gagner de l'argent, 90/3 = 30 pizzas par jour.

Solution 20

- Pour 35 pizzas par jour, vous gagnez 15 € par jour. En effet, 35 pizzas par jour, c'est 5 de plus que les 30 pizzas qui «équilibrent» vos comptes quotidiens. Chacune de ces 5 pizzas vous «rapporte» les 3 € (5 – 2), car les frais fixes sont déjà payés (par les 30 premières pizzas). 5 × 3 = 15 €. CQFD.
- Par contre, et inversement, il manque 1 pizza dans le second cas (29 par jour) pour atteindre vos 30 pizzas quotidiennes. Nous perdrons (car je me solidarise de vous) 1 × 3 = 3 € par jour. Vous ne voudriez pas changer de métier?

Solution 21

La MSCVu doit être égale à 90/20, soit 4,5 €. Les coûts variables de production s'élevant à 2 € par pizza, le prix de vente unitaire doit être de 2 + 4,5 = 6,5 €.

Solution 22

Avec des frais fixes de 90 €/jour et un objectif de point mort de 15/jour, notre MSCVu doit être de 90/15 = 6 € par pizza.

Puisque nos coûts variables de production unitaires sont de 5 FF, le prix de vente unitaire sera de 6 + 1 = 7 €.

Autre calcul :

Il fallait augmenter la MSCV de 3, 1 avec les coûts variables, 2 avec le prix de vente. 5 + 2 = 7 €.

Solution 23

Pour les frais de la direction générale, on peut considérer que, l'entreprise ayant pour but ultime de vendre ses produits et l'effort de la DG se portant plus sur les produits rapportant beaucoup de CA, la meilleure clé de répartition serait peut-être le prorata du CA des différents produits.

Pour les frais du service informatique, on pourra utiliser, si on peut le mesurer, le temps d'occupation machine des différents services.

Pour les frais du service chargé de la reprographie, le nombre de copies effectuées, connu avec les «compteurs», est parfaitement indiqué.

Pour les frais du service commercial, nous pensons au CA, mais marge, VA ou MBA seraient acceptables.

Pour les frais du service du personnel (pardon, des ressources humaines!), l'effectif par service.

Pour le loyer du siège social, les m^2 occupés par chaque service.

En tous les cas, souvenez-vous que la simplicité est toujours la première des qualités!

Solution 24

Avant de prendre toute décision, et comme tout bon gestionnaire, nous décidons de calculer le point mort par jour et le résultat correspondant dans les 3 cas :

Calcul du point mort par jour	
Prix de vente par stagiaire et par jour (1)	800 €
Frais variables par stagiaire et par jour (2)	100 €
MSCV par stagiaire et par jour (3=1-2)	700 €
Frais fixes de bâtiment par jour (4)	2 000 €
Frais fixes d'animateur par jour (5)	4 000 €
Total des frais fixe (6=4+5)	6 000 €
Point mort (en stagiaires par jour) (7=6 /3)	8,57 (environ !)

Résultat analytique pour			
	10 stagiaires	8 stagiaires	6 stagiaires
Différentiel par rapport au point mort (8)	1,43	-0,57	-2,57
Résultat (8x3)	1 000 €	- 400 € (perte)	- 1 800 € (perte)

Un calcul en coûts complets aurait donné exactement le même résultat :

Résultat analytique complet pour			
	10 stagiaires	8 stagiaires	6 stagiaires
CA	8 000 €	6 400 €	4 800 €
- Animateur	4 000 €	4 000 €	4 000 €
- Documents	1 000 €	800 €	600 €
- Quote-part	2 000 €	2 000 €	2 000 €
= Résultat	1 000 €	- 400 €	- 1 800 €

Conclusion : OK pour 10 stagiaires, non pour 8 et 6 ?

NON, NON et NON !

En effet, nous sommes propriétaires de notre local et, en conséquence, que nous organisions ou non le stage n'y change rien.

Il est donc erroné d'inclure dans notre raisonnement la quote-part du local :

Résultat analytique complet pour			
	10 stagiaires	8 stagiaires	6 stagiaires
CA	8 000 €	6 400 €	4 800 €
- Animateur	4 000 €	4 000 €	4 000 €
- Documents…	1 000 €	800 €	600 €
- Quote-part	-	-	-
= Résultat	3 000 €	1 600 €	200 €

Cette fois-ci, il est clair que les trois options sont rentables et permettent toutes de rembourser en partie ou en totalité les frais du local.

Conclusion de l'exercice :
Aucune des deux méthodes ne nous a permis de prendre une bonne décision.
Seule une analyse plus fine nous a permis de le faire.
La bonne question serait plutôt : devons-nous réellement avoir un local à notre disposition en tous temps, ou ne serait-il pas préférable de louer une salle quand nécessaire ?

Conclusion de la conclusion à encadrer et à apprendre par cœur : ne jamais avoir d'approche dogmatique et toute prête.

Gestion budgétaire

Solution 25

Eléments du bilan à prendre en compte dans le budget de trésorerie	
Immobilisations	Investissements Déinvestissement
Stock	-
Créances CT	Encaissement des arriérés
Trésorerie	-
Capitaux propres	Augmentation de capital Distribution de dividendes
Dettes LT	Nouvel emprunt Remboursement du capital emprunté
Dettes CT	Paiements des arriérés

Solution 26

Au bout du compte, entre l'énoncé initial et l'énoncé inversé, quels sont les éléments qui ont changé globalement au bout des quatre mois ?

Les créances clients sont les mêmes, ainsi que les salaires, les autres charges, les dettes fournisseurs et les investissements.

Budget de trésorerie prévisionnel «inversé»					
	Janvier	Février	Mars	Avril	Total
Solde début de mois	**15**	**-58**	**-90**	**-90**	**15**
Ventes			100	110	210
Créances clients	47	48			95
Total encaissements	**47**	**48**	**100**	**110**	**305**
Salaires	50	50	50	55	205
Achats matière		20	30	20	70
Autres charges	10	10	20	40	80
Dettes fournisseurs	60				60
Investissements				40	40
Total décaissements	**120**	**80**	**100**	**155**	**455**
Solde fin de mois	**-58**	**-90**	**-90**	**-135**	**-135**

La situation de trésorerie s'est fortement dégradée par rapport à la situation précédente.

Sans rien changer aux paramètres comptables, la seule modification des conditions de paiement et de décaissement a modifié notre position de trésorerie.

Nous nous y attendions, en bons gestionnaires que nous sommes devenus !

Finalement :

❶ la vente de mars de 120 est maintenant encaissée en mai, donc « hors période »,

❷ l'achat de matière de mars de 20 est maintenant payé en avril, « dans la période ».

D'où le tableau :

Solde de trésorerie à la fin avril selon le premier énoncé	**+5**
- vente de mars non encaissée	**-120**
- achat de mars payé avant	**-20**
= Solde de trésorerie à la fin avril selon l'énoncé inversé	**-135**

Nous retrouvons ici une technique à laquelle je suis très attaché (probablement parce que j'ai eu la mauvaise habitude de faire des erreurs) :
« Vérifier un calcul par un autre calcul, procédant d'une autre logique mais arrivant au même résultat. »

D'où l'adage :
« Un calcul v.é.r.i.f.i.é., sinon rien. »

Rentabilité des investissements

Solution 27

Une simple modification de notre tableau des recettes et des dépenses, en l'occurrence l'ajout d'une colonne «flux cumulés», permet de répondre à la question :

Années	Projet A		Projet B	
	Flux net	Flux net cumulé	Flux net	Flux net cumulé
N	-680	-680	-2700	-2700
N+1	100	-580	130	-2570
N+2	100	-480	180	-2390
N+3	100	-380	230	-2160
N+4	100	-280	280	-1880
N+5	100	-180	330	-1550
N+6	100	-80	380	-1170
N+7	100	20	430	-740
N+8	100	120	480	-260
N+9	100	220	530	270
N+10	100	320	580	850
Total	320		850	

Les cases surlignées correspondent pour chaque projet au moment où les recettes commencent à équilibrer les dépenses. On en déduit que le retour sur investissement est approximativement de 8 années pour le projet A (N +7 correspond en effet à la 8ᵉ année) et 10 ans pour B. On pourrait même affiner le calcul par une interpolation linéaire, mais la précision de nos calculs ne justifient pas un tel pinaillage.

A rapporte donc plus vite que B (approximativement 2 ans plus tôt). Au plan du critère du retour sur investissement, c'est-à-dire du délai de remboursement, A est donc meilleur que B. Voici qui commence à semer le trouble dans nos esprits, nous qui pensions que B était plus rentable…

Calculs de gestion

Solution 28

Répartition des ventes par pays (K€)		
Pays		**% de masse**
France	100	5,8%
GB	80	4,6%
Allemagne	70	4,1%
Italie	120	6,9%
Espagne	55	3,2%
Europe	**425**	**24,6%**
USA	520	30,1%
Canada	120	6,9%
Amérique	**640**	**37,1%**
Japon	252	14,6%
Corée du Sud	100	5,8%
Taiwan	95	5,5%
Asie	**447**	**25,9%**
Burundi	25	1,4%
Afrique du Sud	125	7,2%
Afrique	**150**	**8,7%**
Océanie	**65**	**3,8%**
Total	**1727**	**100,0%**

Variation des ventes par pays (K€)				
	N	**N+1**	**% var**	
France	100	95	5,3%	
GB	80	85	-5,9%	
Allemagne	70	10	600,0%	x 7
Italie	120	120	0,0%	
Espagne	55	60	-8,3%	
Europe	**425**	**370**	**14,9%**	
USA	520	200	160,0%	
Canada	120	120	0,0%	
Amérique	**640**	**320**	**100,0%**	
Japon	252	300	-16,0%	
Corée du Sud	100	300	-66,7%	
Taiwan	95	500	-81,7%	
Asie	**447**	**1 100**	**-59,4%**	
Burundi	25	0	# DIV/0 !	NA
Afrique du Sud	125	1	12 400,0%	NS
Afrique	**150**	**1**	**14 900,0%**	NS
Océanie	**65**	**0**	**# DIV/0 !**	NA
Total	**1727**	**1791**	**-3,6%**	

Pour les% de masse, il n'y a pas grand-chose à ajouter, hormis qu'ils «s'additionnent» (le% de masse de l'Europe est égal à l'addition des% de masses des pays qui la composent, avec éventuellement un écart d'arrondi); la ligne Total s'additionne donc à 100,0%.

Concernant les% de variation, certains donnent un résultat «bizarre» et doivent être retraités :

- Pour l'Allemagne, passer de 10 à 70 correspond à un% de variation de 600%; il vaut mieux l'exprimer sous la forme × 7 pour exprimer qu'il a été multiplié par 7, ce qui est probablement plus parlant.
- Pour le Burundi et l'Océanie, il n'y avait pas de vente en N. Le% de variation ressort donc en erreur, car on ne peut diviser par zéro. Le% de variation est alors de l'infini! Il vaut mieux indiquer ici NA pour Non Applicable.
- Pour l'Afrique du Sud et l'Afrique, les ventes N ne sont pas nulles mais très faibles. Le% de variation ressort donc avec des valeurs faramineuses qui ne sont nullement significatives. Nous indiquerons donc NS pour Non Significatif.

Solution 29

	HT	TVA	TTC
Cas 1	100,00	19,60	119,60
Cas 2	510,20	100,00	610,20
Cas 3	83,61	16,39	100,00

Solution 30

Avant de répondre, faisons le calcul (pour un salaire de 1000 €) :

- Avant augmentation : 1000
- Après augmentation : 1000 × 1,25 = 1250
- Après diminution : 1250 x (1 – 0,25) = 937,50

Si la diminution avait lieu avant l'augmentation :

- Après diminution : 1000 × (1 – 0,25) = 750
- Après augmentation : 750 × 1,25 = 937,50

Le résultat est le même !

Conclusion : NON, NON et NON.
En fait, la diminution de salaire est calculée sur une base plus élevée que l'augmentation, et l'opération joue en votre défaveur.
Rigolo, non ? (Sauf si vous avez accepté !)

QUIZZ FINAL

Ce petit quizz de 50 questions, fait sans tricher, c'est-à-dire sans relire le livre, vous permettra d'évaluer la qualité de ce que vous avez retenu.

Énoncé

		OUI	NON
	COMPTABILITÉ GÉNÉRALE		
1	La comptabilité générale fonctionne selon des règles propres à chaque entreprise		
2	Toute écriture comporte au moins deux montants qui s'équilibrent		
3	Le bilan d'une entreprise représente le « film » de son patrimoine financier à une certaine date		
4	Le bilan d'une entreprise comporte les charges et les produits		
5	Les stocks sont un bien de l'entreprise		
6	Le capital est un bien de l'entreprise		
7	Le résultat équilibre les biens et les dettes de l'entreprise		
8	Les capitaux propres sont des capitaux bien blanchis		
9	Un exercice comptable dure obligatoirement 12 mois		
10	Le compte de résultat reprend les produits et les charges d'un exercice		
11	On distingue les charges exceptionnelles des charges d'exploitation parce qu'elles ne sont a priori pas répétitives		
12	La valeur financière d'une entreprise est représentée approximativement par ses capitaux propres		
13	Le chiffre d'affaires d'une entreprise est représentatif de sa rentabilité		
14	Trésorerie et Résultat sont synonymes		
15	La variation de la valeur de ses biens n'affecte que peu le résultat de l'entreprise		
	ANALYSE FINANCIÈRE		
16	Emplois et ressources sont synonymes respectivement de dettes et de biens		
17	S'endetter, c'est créer une ressource financière		
18	Il y a des emplois sans ressources		
19	Une diminution de stock constitue un emploi		
20	On peut financer une immobilisation par un règlement reçu d'un client		
21	Le Fond de roulement se calcule en faisant : Capitaux propres + dettes LT - immobilisations		
22	Le Besoin de fond de roulement se calcule ainsi : Stocks + créances CT + dettes CT		
23	FR - BFR = la tête à toto		
24	Normalement, on finance le FR par le BFR		
25	Investir améliore son fond de roulement		
26	La MBA est une ressource financière		

		OUI	NON
27	La valeur ajoutée mesure la richesse distribuée par l'entreprise		
28	Ce questionnaire est passionnant		
29	L'analyse des ratios permet de comparer des entreprises entre elles		
30	Un BFR de 45j signifie que l'entreprise doit se financer pendant 45 j		
	COMPTABILITÉ ANALYTIQUE		
31	La marge sur coût variable unitaire se calcule ainsi : Prix de vente unitaire - coûts variables unitaires attachés à ce produit		
32	Le point mort permet à l'entreprise de tourner au ralenti		
33	L'abonnement constitue la part fixe d'une facture d'électricité, la consommation sa part variable		
34	Le point mort se mesure en quantités par période		
35	Le point mort se calcule ainsi : Coûts fixes totaux affectables au produit/marge sur coûts variables unitaires		
36	Il existe une méthode infaillible de calcul d'un coût de revient unitaire		
37	Les coûts standards sont des coûts réels		
38	On arrive toujours à trouver des clés intelligentes et indiscutables pour répartir les frais indirects		
39	La méthode des coûts variables permet de connaître le coût de revient complet d'un produit		
40	Les coûts fixes varient le plus souvent par paliers		
41	Augmenter le prix de vente unitaire ou baisser les coûts variables de production revient à augmenter la marge sur coûts variables unitaire		
42	Le coût de revient est inclus dans le coût de production		
43	Prix de vente - coût de revient unitaire = marge		
44	Le calcul du coût complet d'un produit est toujours simple et indiscutable		
45	Les seules règles en matière de comptabilité analytique sont la logique et l'adéquation des moyens aux problèmes		
	BUDGETS ET INVESTISSEMENTS		
46	Le budget de production est le budget moteur d'un budget		
47	Actualiser un flux monétaire futur revient à le transformer d'€ constants en € courants		
48	Le TIR mesure précisément la rentabilité en% du capital investi		
49	Le retour sur investissement se mesure en €		
50	Vous en savez plus maintenant sur la gestion économique et financière d'une entreprise		

Corrigé

		OUI	NON
	COMPTABILITÉ GÉNÉRALE		
1	La comptabilité générale fonctionne selon des règles propres à chaque entreprise		X
2	Toute écriture comporte au moins deux montants qui s'équilibrent	X	
3	Le bilan d'une entreprise représente le « film » de son patrimoine financier à une certaine date		X
4	Le bilan d'une entreprise comporte les charges et les produits		X
5	Les stocks sont un bien de l'entreprise	X	
6	Le capital est un bien de l'entreprise		X
7	Le résultat équilibre les biens et les dettes de l'entreprise	X	
8	Les capitaux propres sont des capitaux bien blanchis	Hum...	
9	Un exercice comptable dure obligatoirement 12 mois		X
10	Le compte de résultat reprend les produits et les charges d'un exercice	X	
11	On distingue les charges exceptionnelles des charges d'exploitation parce qu'elles ne sont a priori pas répétitives	X	
12	La valeur financière d'une entreprise est représentée approximativement par ses capitaux propres	X	
13	Le chiffre d'affaires d'une entreprise est représentatif de sa rentabilité		X
14	Trésorerie et Résultat sont synonymes		X
15	La variation de la valeur de ses biens n'affecte que peu le résultat de l'entreprise		X
	ANALYSE FINANCIÈRE		
16	Emplois et ressources sont synonymes respectivement de dettes et de biens		X
17	S'endetter, c'est créer une ressource financière	X	
18	Il y a des emplois sans ressources		X
19	Une diminution de stock constitue un emploi		X
20	On peut financer une immobilisation par un règlement reçu d'un client	X	
21	Le Fond de roulement se calcule en faisant : Capitaux propres + dettes LT - immobilisations	X	
22	Le Besoin de fond de roulement se calcule ainsi : Stocks + créances CT + dettes CT		X
23	FR - BFR = la tête à toto	Hum...	
24	Normalement, on finance le FR par le BFR		X
25	Investir améliore son fond de roulement		X
26	La MBA est une ressource financière	X	

		OUI	NON
27	La valeur ajoutée mesure la richesse distribuée par l'entreprise		X
28	Ce questionnaire est passionnant	Hum...	
29	L'analyse des ratios permet de comparer des entreprises entre elles	X	
30	Un BFR de 45j signifie que l'entreprise doit se financer pendant 45 j	X	
	COMPTABILITÉ ANALYTIQUE		
31	La marge sur coût variable unitaire se calcule ainsi : Prix de vente unitaire - coûts variables unitaires attachés à ce produit	X	
32	Le point mort permet à l'entreprise de tourner au ralenti	Hum...	
33	L'abonnement constitue la part fixe d'une facture d'électricité, la consommation sa part variable	X	
34	Le point mort se mesure en quantités par période	X	
35	Le point mort se calcule ainsi : Coûts fixes totaux affectables au produit/marge sur coûts variables unitaires	X	
36	Il existe une méthode infaillible de calcul d'un coût de revient unitaire		X
37	Les coûts standards sont des coûts réels		X
38	On arrive toujours à trouver des clés intelligentes et indiscutables pour répartir les frais indirects		X
39	La méthode des coûts variables permet de connaître le coût de revient complet d'un produit		X
40	Les coûts fixes varient le plus souvent par paliers	X	
41	Augmenter le prix de vente unitaire ou baisser les coûts variables de production revient à augmenter la marge sur coûts variables unitaire	X	
42	Le coût de revient est inclus dans le coût de production		X
43	Prix de vente - coût de revient unitaire = marge	X	
44	Le calcul du coût complet d'un produit est toujours simple et indiscutable		X
45	Les seules règles en matière de comptabilité analytique sont la logique et l'adéquation des moyens aux problèmes	X	
	BUDGETS ET INVESTISSEMENTS		
46	Le budget de production est le budget moteur d'un budget		X
47	Actualiser un flux monétaire futur revient à le transformer d'€ constants en € courants		X
48	Le TIR mesure précisément la rentabilité en% du capital investi	X	
49	Le retour sur investissement se mesure en €		X
50	Vous en savez plus maintenant sur la gestion économique et financière d'une entreprise	X	

CONCLUSION

Avant de vous laisser, je voudrais vous transmettre un dernier message, certainement le plus important. Vous avez acquis des techniques et un vocabulaire; c'est bien.
Vous avez l'envie d'approfondir certaines connaissances que nous avons survolées d'assez loin : c'est mieux.
Mais surtout, si vous avez acquis un esprit de gestionnaire, efficace et curieux, qui ne s'arrête pas aux apparences, qui cherche à aller plus loin, à analyser, à comprendre, à décoder, ce sera parfait :

DÉVELOPPEZ VOTRE ESPRIT CRITIQUE

Et, pour relativiser tout ceci, une dernière citation :
« La folle raison du projet prévaut sur les bonnes raisons du budget (…) pour la simple raison que le projet est fondateur; sans lui, il n'y a pas de budget. Le moteur de l'entreprise, c'est la vitalité du projet, ce n'est pas la comptabilité. Et une entreprise qui ne serait que "gérée" au sens des bonnes raisons du budget, un jour ou l'autre, cesserait d'exister. »

INDEX

La structure pédagogique de cet ouvrage fait que la plupart des termes cités ci-dessous apparaissent plusieurs fois au fil du texte ; dans ce cas, seule la première occurrence est référencée.

TABLE DES MATIÈRES

QUIZZ FINAL

CONCLUSION

INDEX

Vos notes personnelles

Vos notes personnelles

Vos notes personnelles

Imprimé en France par Mame
ISBN : 978-2-501-06604-4
Dépôt légal : août 2010
40 67773